생각의 길을 찾는 세계관 매뉴얼

제1권 세계관 특강

올바른 세계관을 찾아가는 여정에 있는 모든 이를 위한 안내서

생각의 길을 찾는
세계관 매뉴얼

Worldview Manual

제1권 세계관 특강

정소영 지음

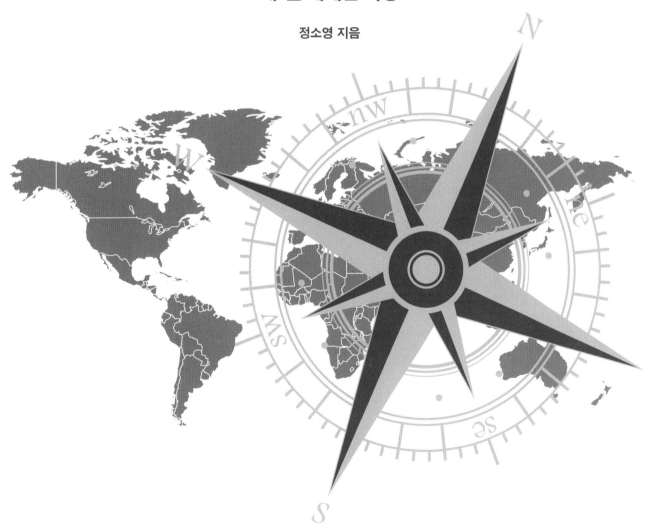

이 책은 세인트폴 세계관 아카데미에 참여하신
모든 분들의 생각과 나눔의 결실입니다.

2020년 시작부터 함께 해주신 분들께 감사의 마음으로 이 책을 헌정합니다.

특히 성경적 세계관을 가르치는 일에 교사로 헌신할 마음을 갖고
캡스톤 과정을 마치신 분들과
세인트폴 세계관 아카데미의 중보기도자로 섬기시는 분들
그리고 세인트폴 세계관 아카데미가 앞으로 더 귀한 사명 감당할 수 있도록
돕는 손길로 함께 해주시는 이사진 여러분들께 진심으로 감사의 마음을 전합니다.

학습목표

01 세계관의 '정의(Definition)'를 이해합니다.

02 성경적 세계관의 내용에 대해 말할 수 있습니다.

03 현대사회를 지배하는 인본주의 세계관들의 특징을 이해하고 구분할 수 있습니다.

교재

• 『크리스찬 청소년들이 꼭 알아야 할 세계관 특강』, 정소영 지음

• 『기독교 세계관으로 본 시대의 이해 – 충돌하는 세계관』, 데이빗 A. 노에벨 지음, 류현진 · 류현모 옮김

• 『Understandinag The Times– A Survey of Comepting Worldviews』, Jeff Myers & David A. Noebel (2016)

동영상 강의*

〈정소영의 아젠다 시즌 2– 세계관의 차이를 낳는 질문들〉 총 8편

〈정소영의 아젠다 시즌 6– 여섯가지 세계관– 학문편〉 총 8편

* 동영상 강의는 세인트폴 세계관 아카데미 홈페이지에서 찾아볼 수 있습니다. www.saintpaulworldview.org

CONTENTS

저자 서문

2020년 세인트폴 세계관 아카데미를 연 이후, 많은 청소년들과 학부모님들을 만나오고 있습니다.

한결같이 혼란한 이 시대에 아이들에게 올바른 성경적 세계관을 심어 주어 믿음을 잘 지키며 살아가기를 바라는 마음으로 저를 찾아 오시는 분들입니다. 저 역시 아이를 가진 부모의 마음으로 이 일을 시작했기에 최선을 다해 제가 할 수 있는 만큼 나누려고 애쓰고 있습니다.

그러나 개인적으로 항상 지식도 부족하고, 체력도 부족하고, 가르치는 사람으로서 역량도 많이 부족함을 느끼게 되면서 이제는 그동안 제가 펼쳐 낸 책과, 동영상 강의들을 들으신 분이라면 누구나 스스로 공부할 수 있도록 도와드리고 싶다는 생각을 하게 되었습니다. 그리고 이 책이 그 생각을 현실로 바꾸는 첫 걸음이라고 감히 말씀드립니다.

『크리스천 청소년들이 꼭 알아야 할 세계관 특강』과 『고전이 알려주는 생각의 기원 - 니의 생각은 어디에서 왔니?』를 읽으시고 유튜브에 올려놓은 관련 동영상을 보시면 어느 정도 세계관에 대한 이해를 가지실 수 있을 것 같습니다.

그러나 세계관에 대해 교회에서 주일학교 선생님들이나, 가정에서 부모님들이 아이들과 함께 체계적으로 공부하고 나누기는 힘들 것 같다는 생각이 들었습니다. 배경지식도 좀 더 필요하고, 토론을 위한 주제를 잡는 것도 쉬운 일이 아니기 때문입니다. 그래서 교사용 매뉴얼 겸, 중고등학생 정도라면 누구나 참고서 삼아 자기 주도 학습이 가능한 책을 만들고 싶었습니다.

기억을 더듬어 보니 학교 공부를 할 때에도 책을 읽고, 선생님의 설명을 들으며, 참고서로 보충하고 문제집을 푸는 순서로 했던 것 같습니다. 세계관 공부도 이 순서대로 하면 좋을 것 같습니다. 대신 우리의 문제집은 실전 응용 문제로써 삶에서 마주치는 여러가지 이슈들을 성경적 세계관의 원리를 적용하여 해결해 보는 것이 될 것입니다.

아무쪼록 이 참고서가 세계관에 대해 알고 싶고, 가르치고 싶은 많은 분들께 도움이 되었으면 합니다. 특히 교회 주일학교, 홈스쿨을 하시는 가정, 그리고 기독교 대안학교에서 참고하여 활용할 수 있으면 좋겠습니다.

부디 이 모든 시도가 우리의 다음세대를 위한 작은 희망이 되길 진심으로 기도합니다.

2021년 가을

정소영

01
세계관이란 무엇인가?

1. 세계관의 '정의(Definition)'는 무엇일까요?

세계관(Worldview)이란 문자 그대로 '세상을 바라보는 관점'을 말합니다.

사람이라면 누구나 세상을 이해하고 해석하는데 있어서 각 개인이 가지고 있는 기초가 되는 믿음 또는 기본 가정(대전제)을 가지고 세상을 바라보게 되는데, 이것이 세계관입니다.

어떤 사람은 세계관을 '안경'에 비유하기도 합니다. 안경 렌즈의 색깔에 따라 사물이 달라 보이듯이, 어떤 세계관을 우리의 생각 속에 탑재하고 있는가에 따라 동일한 사회 현상을 보더라도 사람마다 각각 다른 의견을 낼 수 있다고 말합니다.

또다른 사람들은 세계관을 '한 개인이 태어나고 자라난 배경을 통칭하는 그 무엇'이라고 설명하기도 힙니다. 마치 어린 씨앗이 심기워진 땅처럼, 각 사람은 자신이 태어나고 자라나는 환경을 토양으로 성장하여 삶 속에서 좋은 열매를 맺기도 하고 나쁜 열매를 맺기도 합니다.

이상과 같이 세계관의 '정의'에 대해서는 다양한 비유와 설명이 있을 수 있지만 세계관이란 단순히 어떤 개인이 의식적으로 가지고 있는 가치관보다는 훨씬 더 넓은 범위를 포괄하고 있다는 점을 꼭 기억해야 할 것 같습니다.

다루어야 할 질문

• '세계관'이란 단어를 들어 본 적이 있나요? 있다면 어디에서 들어 보았는
  지 말해봅시다.

활동

• 국어 사전, 또는 영어 사전에서 '세계관(Worldview)'의 뜻을 찾아 적어보기

• 내가 생각하는 '세계관의 의미' 정리해 보기

2. 세계관은 어떻게 형성되는 것일까요?

한 사람의 세계관은 그 사람의 무의식과 의식의 세계 속에 오랜 기간을 통해 서서히 형성됩니다.

마치 어린 나무가 자신이 뿌리를 내리고 있는 흙 속에 어떤 성분이 있는지 구분하지 않고 영양분과 수분, 그리고 더러운 성분까지도 다 흡수하듯이 사람 역시 자신이 태어난 장소나 사회의 모습, 자연환경, 가족의 구성과 문화, 교육, 종교, 개인적인 경험 등이 성장하는 동안 마음 속에서 내면화됩니다. 그것이 부정적인 것이든 긍정적인 것이든 모두 혼합되어서 한 사람의 세계관을 형성하게 되는 것이지요.

그러므로 한 사람의 세계관을 바꾸려면 나무를 파내어 분갈이를 하거나 아예 다른 곳으로 옮겨 심어 버리듯이 매우 극적이고 전면적인 변화가 필요합니다. 그만큼 한번 형성된 세계관은 바꾸기가 매우 어렵습니다.

현대사회에서 세계관 형성에 가장 영향을 미치는 것은 바로 미디어입니다. 과거에는 가족과 함께 하는 시간이나 친구들과 함께 하는 시간이 많아서 그러한 인간관계로부터 많은 영향을 받았다면 모든 사람들이 스마트폰을 가지게 된 지금은 인터넷, 유튜브, 소셜 미디어, 게임 등으로 보내는 시간이 절대적으로 많습니다. 그렇다보니 현실 세계 속 사람들이나 사건들보다 가상세계 속 사건이나 사람들로부터 더 많은 정신적, 문화적 영향을 받는 경향까지 생기고 있습니다.

생각 더하기+

성경은 심은 대로 거둔다고 말씀하고 계십니다. 우리의 세계관도 마찬가지입니다.

스스로 속이지 말라. 하나님은 업신여김을 받지 아니하시나니 사람이 무엇으로 심든지 그대로 거두리라. 자기의 육체를 위하여 심는 자는 육체로부터 썩어질 것을 거두고 성령을 위하여 심는 자는 성령으로부터 영생을 거두리라(갈6:7-8).

다루어야 할 질문

• 나의 세계관 형성에 영향을 준 것들에는 어떤 것이 있을까요?

• 요즘 가장 많이 보고 있는 미디어 콘텐츠는 무엇인가요? 그 콘텐츠가 나의 생각에 어떤 영향을 주고 있는지 느껴지는대로 말해봅시다.

활동

• 하루동안 미디어 금식 해보고 소감 적어 보기

• 하루동안 미디어 사용 계획을 세우고 실천해 보기

3. 내가 가진 세계관이 어떤 것인지 어떻게 알 수 있을까요?

세계관을 한 사람이 세상을 이해하고 해석하는데 꼭 필요한 기초적인 믿음이라고 정의한다면 도대체 내가 지금 머리 속에 가지고 있는 세계관은 무엇일까요?

내 머리 속에는 온갖 생각들이 혼합되어 있는데 그 중에서도 내가 내리는 선택과 결정에 영향을 주는 세계관이 무엇인지 어떻게 알 수 있을까요?

이 문제를 해결하기 위해 많은 학자들이 연구한 결과, 비교적 간단한 3가지 질문을 던져 봄으로써 내가 가지고 있는 세계관이 무엇인지를 파악할 수 있다는 결론을 내리게 되었습니다. 마치 어떤 용액이 산성인지 알칼리성인지 알려면 리트머스 시험지를 갖다 대 보면 쉽고 빠르게 알아차릴 수 있듯이 다음의 3가지 질문을 스스로에게 던져 보고, 그 질문에 대해 내가 어떤 대답을 하고 있는지를 살펴보면 대략적으로 내 머리 속에 든 세계관의 정체를 파악할 수 있다는 것입니다.

첫째, 인간이란 어떤 존재인가?
둘째, 인간 세상에는 왜 이렇게 문제가 많은가?
셋째, 그 문제는 어떻게 해결할 것인가?

예를 들면 인간을 창조된 존재라고 생각하는지, 아니면 진화된 존재라고 생각하는지에 따라 내가 사람들을 대하는 태도가 달라질 것입니다. 세상의 문제의 원인을 나에게서 찾는지 아니면 사회의 책임으로 돌리는지에 따라 내가 살아가는 방식도 달라지겠지요. 마지막으로 그 문제들을 이성적인 방법으로 해결할 것인가 아니면 이성을 초월한 신념에 근거하여 해결할 것인지에 따라 나의 선택과 결정이 달라지게 될 것입니다.

이제 이 세가지 질문을 중심으로 현대사회를 대표하는 각각의 세계관들에는 어떤 것이 있는지 알아보고, 그 세계관들의 특징이 무엇인지 알아보는 여정을 시작합니다. 그리고 어떤 세계관이 우리를 올바른 방향으로 인도하고 있는지도 알아보아야 하겠지요?

다루어야 할 질문

• 나는 누구일까요? 가족 내에서의 역할, 학교, 직장, 교회 등 사회에서의 역할에 대해 이야기해봅시다.

활동

• 성경에서 '나의 정체성'에 대해 이야기 하고 있는 구절 찾아보기

• 현재 뉴스를 달구는 가장 뜨거운 이슈를 찾아보고, 자신의 의견을 정리한
 다음 댓글 써보기

생각 나누기

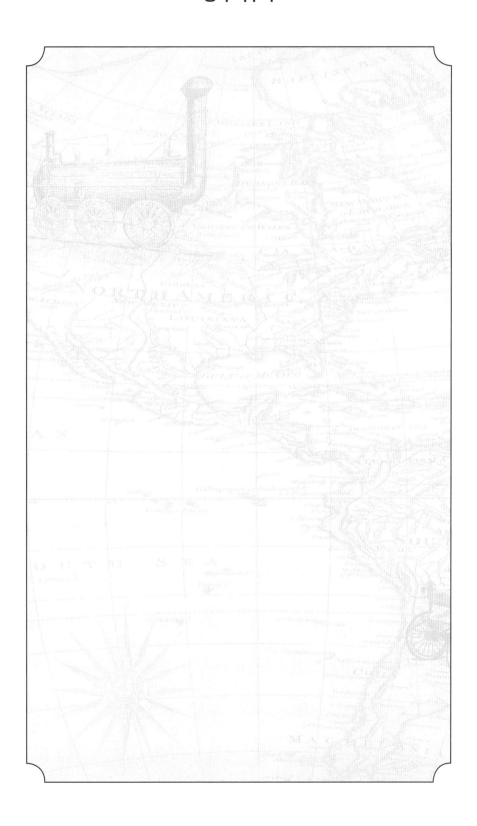

02
현대사회의 세계관들

현대사회를 이끌어가고 있는 대표적인 세계관에는 크게 성경적 세계관과 인본주의 세계관이 있습니다.

성경적 세계관은 세상을 이해하고 해석하는데 필요한 기초적인 믿음과 기본 전제를 '성경말씀'에 두는 세계관을 말합니다.

성경적 세계관에서는 온 세상 만물을 만드신 창조주 하나님이 계시며 그분께서 직접 사람들에게 그분이 창조하신 세상을 잘 이해하고 해석할 수 있도록 매뉴얼을 주셨는데 그것이 바로 성경말씀이라고 말합니다. 그리고 성경말씀과 더불어 자연계의 법칙과 질서, 그리고 인간의 양심 속에 있는 도덕법칙 등을 통해 이 세상을 이끌어가시는 하나님의 뜻과 의도를 충분히 알 수 있다고 믿습니다. 정확한 매뉴얼이 있으니 그 매뉴얼대로 살아가면 가장 선하고 행복한 삶을 살 수 있다고 믿는 것이지요.

반면에 인본주의 세계관은 인간의 관점에서 세상을 이해하고 해석하는 것을 말합니다. 인본주의 세계관을 가지고 있는 사람들은 하나님이 존재하지 않는다고 믿습니다. 그것이 세상을 이해하고 해석하는 기본 전제가 되는 것입니다.

이 세상의 창조자이자 주인이신 하나님을 인정하지 않으니 인간이 주인이 되어 이 세상을 이끌어가야 합니다. 그런 측면에서 인간중심주의라고

생각 더하기+

모든 성경은 하나님의 감동으로 된 것으로 교훈과 책망과 바르게 함과 의로 교육하기에 유익하니 이는 하나님의 사람으로 온전하게 하며 모든 선한 일을 행할 능력을 갖추게 하려 함이라(딤후 3:16-17).

성경이 번역되는 과정에서 원문의 뜻이 온전히 전달되지 못하거나 왜곡되는 경우가 있기도 합니다. 그래서 성경이 결점투성이라고 주장하는 무신론자들도 있지요.

그러나 성경 원문의 뜻을 깊이 연구하면 성경이야말로 하나님의 영감으로 씌여진 책이란 사실을 깊이 깨달을 수 있을 것입니다.

성경을 본격적으로 공부하기 원하는 사람들은 성경에서 히브리어 단어의 뜻을 영어로 알려주는 사이트를 활용하시는 것도 좋습니다.

http://www.chaimbentorah.com 또는 Blue Letter Bible App을 참고하세요.

할 수 있습니다. 이러한 인간중심적 세계관에는 세속적 인본주의, 마르크스주의, 포스트모더니즘, 뉴에이지, 이슬람 등이 있습니다.

이슬람의 경우, 유일신 알라를 믿는 종교적인 믿음을 기초로 하고 있지만 이들은 인간의 구원이 인간의 노력과 행위에 달려있다고 믿기 때문에 오히려 인간중심적인 세계관에 가깝다고 분류할 수 있겠습니다.

반드시 기억해야 할 것은 세계관에는 회색지대가 없다는 것입니다. 하나님을 우리의 삶의 주인으로 삼고, 하나님의 관점에서 이 세상을 이해하려고 하지 않는 다른 모든 세계관은 인간을 주인으로 삼고, 세상을 주인으로 삼는 인본주의 세계관입니다. 다소 극단적이고 이분법적으로 보이긴 하지만 우리의 마음과 생각을 두고 싸우는 영적인 전쟁에서 가장 큰 영향을 미치는 영역이 세계관이기 때문에 다소 엄격하게 구분짓는 것이 꼭 필요합니다.

1. 성경적 세계관 (Biblical Worldview)

핵심단어: 창조, 타락, 구속

성경적 세계관이란 하나님께서는 이 세상을 어떻게 보고 계시는지 성경 말씀을 통해 인간에게 가르쳐주신 세계관입니다. 마치 전지적 작가 시점의 소설처럼, 인류의 역사를 기술하고 계시는 작가이신 하나님께서는 우주의 시작과 끝, 그리고 인류 역사의 종말을 예정하시고 하나님께서 작정하신 방향으로 이야기를 전개해 나가시면서 성경을 통해 그 거대한 스토리를 우리들에게 들려주고 계시는 것입니다.

이러한 성경적 세계관을 쉽게 이해하기 위해 우리는 세계관의 정체를 파악할 수 있는 다음 3가지 질문을 던져보아야 합니다.

1) 인간이란 어떤 존재인가?: 창조

성경은 인간이란 전지전능하신 하나님의 형상으로 창조된 존귀한 존재라고 말합니다. 또한 인간은 비록 흙으로 지어졌지만 하나님께서 직접 하나님의 생기를 코에 불어 넣어주셔서 영혼을 가진 존재가 되었다고 말합니다. 그러므로 사람은 우주 만물을 창조하시고, 주인이 되신 하나님과 닮은 존재이며 영이신 하나님과 소통할 수 있는 영적인 존재입니다. 우리 모두는 하나님의 성품과 능력을 닮은 아들, 딸로 창조된 것입니다.

인간은 이 땅에서는 100년에도 못미치는 삶을 살지만 하나님의 나라에서 하나님의 자녀로 영원히 함께 살 수 있는 존재로 창조되었다고 성경은 말씀하고 있습니다. 그러니 인간이 얼마나 소중한 존재이겠습니까? 현실 생활에서 우리의 모습을 거울에 비추어보면 도무지 그런 존재라고 믿어지지 않지만 그럼에도 불구하고 하나님께서는 인간을 그렇게 생각하고 계신다고 성경은 말하고 있습니다. 그 말씀을 믿음으로 받아들이고, 그렇게 살아가려고 노력하는 것이 성경적 세계관으로 살아가는 사람들의 모습입니다.

2) 인간 세상에는 왜 이렇게 문제가 많은가?: 타락

최초의 인간인 아담과 하와는 하나님께서 창조하신 에덴 동산에서 아름답게 살고 있었습니다. 그들에게는 무한한 자유가 있었습니다만 동산 가운데 있는 선과 악을 알게 하는 나무는 먹지 말라는 하나님의 명령을 받았습니다. 인간은 자유롭게 이 명령에 순종할 것을 선택할 수도 있었고, 이 명령을 어길 것을 선택할 수도 있었습니다.

생각 더하기+

하나님이 이르시되 우리의 형상을 따라 우리의 모양대로 우리가 사람을 만들고 그들로 바다의 물고기와 하늘의 새와 가축과 온 땅과 땅에 기는 모든 것을 다스리게 하자 하시고

하나님이 자기 형상 곧 하나님의 형상대로 사람을 창조하시되 남자와 여자를 창조하시고

하나님이 그들에게 복을 주시며 하나님이 그들에게 이르시되 생육하고 번성하여 땅에 충만하라, 땅을 정복하라, 바다의 물고기와 하늘의 새와 땅에 움직이는 모든 생물을 다스리라 하시니라 (창1:26~28).

생각 더하기+

여호와 하나님이 땅의 흙으로 사람을 지으시고 생기를 그 코에 불어넣으시니 사람이 생령이 된지라 (창2:7).

사탄이 가장 싫어하는 일은 하나님의 형상으로 지음받은 사람들이 땅 위에서 생육하고 번성하여 충만해 지는 일일것입니다. 하나님의 형상들이 곳곳에 아름답고 멋진 모습으로 살아가는 것을 방해하는 일이 사탄이 하는 일이 아닐까요?

그런데 아담과 하와는 뱀의 꾀임에 빠져서 불순종을 선택하고 말았습니다. 그들이 불순종을 선택한 이유는 '하나님과 같이'되고 싶었기 때문이었습니다 . 피조물인 인간이 교만하여 창조주인 하나님의 자리를 넘본 반역을 저지르게 된 것이지요. 이것을 우리는 '타락'이라고 부릅니다.

인간의 불순종 즉 타락은 하나님과의 관계 단절을 의미하며 우리는 이것을 '죄(Sin)'라고 부릅니다.

성경은 우리에게 타락의 결과에 대해 말해주고 있습니다. 인간의 타락으로 인해 마치 판도라의 상자가 열린 것처럼 죄가 이땅에 들어오게 된 것이지요. 인간사회에 온갖 문제와 고통이 시작되게 된 것입니다.

아담의 죄로 인해 땅마저 저주를 받아 가시덤불과 엉겅퀴를 내며 아담은 가장으로서 평생 수고하고 땀을 흘려야만 입에 겨우 풀칠을 할 수 있게 되었습니다.

아내인 이브에게는 임신과 출산, 그리고 자녀 양육 등에서 많은 고통이 따를 것이고, 남편의 다스림을 받게 될 것이라고 했습니다.

이제 인간은 하나님의 땅 에덴동산에서 쫓겨나 그 근처에는 얼씬도 못하게 되었고 결국 두 사람 모두, 흙으로 돌아가는 죽음을 맞이하게 되었습니다. 이것이 오늘날 인간의 실존적인 상태가 되었습니다.

인간의 노동은 더 이상 기쁨이 되지 못하고, 가정 생활에도 고통이 따릅니다. 생명의 근원이 되신 하나님으로부터 단절된 인간에게 남은 것은 오직 죽음, 사망이었습니다. '하나님으로부터의 끊어짐', 이것이 인간사회의 모든 문제와 고통의 원인이었다고 성경은 말하고 있습니다.

생각 더하기+

여호와 하나님이 그 사람에게 명하여 이르시되 동산 각종 나무의 열매는 네가 임의로 먹되 선악을 알게 하는 나무의 열매는 먹지 말라 네가 먹는 날에는 반드시 죽으리라 하시니라(창2:16-17).

생각 더하기+

뱀이 여자에게 이르되 너희가 결코 죽지 아니하리라 너희가 그것을 먹는 날에는 너희 눈이 밝아져 하나님과 같이 되어 선악을 알 줄 하나님이 아심이니라(창3:4-5).

생각 더하기+

아담에게 이르시되 네가 네 아내의 말을 듣고 내가 먹지 말라 한 나무의 열매를 먹었은즉 땅은 너로 말미암아 저주를 받고 너는 네 평생에 수고하여야 그 소산을 먹으리라 땅이 네게 가시덤불과 엉겅퀴를 낼 것이라 네가 먹을 것은 밭의 채소인즉 네가 흙으로 돌아갈 때까지 얼굴에 땀을 흘려야 먹을 것을 먹으리니 네가 그것에서 취함을 입었음이라 너는 흙이니 흙으로 돌아갈 것이니라 하시니라(창3:17-19).

생각 더하기+

또 여자에게 이르시되 내가 네게 임신하는 고통을 크게 더하리니 네가 수고하고 자식을 낳을 것이며 너는 남편을 원하고 남편은 너를 다스릴 것이니라 하시고(창3:16).

3) 그 문제를 어떻게 해결할 것인가?: 구속

이 세상의 모든 문제의 원인이 인간의 타락으로 인한 죄, 즉 하나님과의 관계 단절에 있으므로 해결책은 다시 하나님께로 되돌아 가는 것 뿐입니다. 그러나 인간에게는 자신의 힘으로 하나님께 되돌아갈 힘도 능력도 없었습니다. 그래서 하나님께서는 삼위일체 하나님의 한 위격이신 예수 그리스도를 이땅에 보내주셨습니다. 하나님의 독생자 예수 그리스도로 하여금 인류의 모든 죄를 대속하게 하시고 하나님께로 다시 나아갈 수 있는 길을 여신 것입니다. 그것이 바로 십자가 사건 입니다.

하나님의 성품은 사랑과 공의입니다. 이 두가지 성품을 가장 극명하게 보여주는 것이 바로 십자가입니다. 죄를 그냥 두고 보지 못하시고 반드시 그 대가를 치르게 하시는 공의와 죄값을 대신 치루어주심으로 인간을 구원하신 사랑을 동시에 증명하신 것이기 때문입니다.

그뿐만 아니라 예수 그리스도께서는 사흘만에 죽은 자 가운데서 부활하심으로 이제 하나님과 관계가 회복된 인간에게 영원한 생명이라는 선물을 주셨습니다.

예수 그리스도를 통해 하나님과의 관계가 다시 회복된 사람들, 다시 하나님의 자녀로 인정받은 사람들은 이제 이 세상의 문제를 해결하기 위해 성령의 능력으로 나아갑니다.

거듭난 하나님의 자녀들은 인간적인 노력과 행위로는 이 세상의 타락상을 극복할 수 없지만 성령의 도우심으로 서서히 이 땅에서도 하나님의 나라가 세워질 수 있다는 회복의 소망을 가지게 되었습니다. 그리고 그 회복의 소망을 실현시키기 위해 각자의 자리에서 최선을 다하는 청지기로서의 삶, 사명자로서의 삶을 살아가게 되는 것입니다.

창조, 타락, 구속의 메시지는 구약과 신약 성경을 관통하는 일관된 메시지를 선포합니다. 하나님의 창조와 인간의 배신, 그리고 예수 그리스도를 통한 구원과 새하늘과 새땅에 대한 소망이라는 구속의 이야기를 들려주고 있는 것이지요. 이 이야기를 믿음으로 받아들이고, 이러한 관점을 받아들여서 세상을 살아나가는 사람들을 그리스도인이라고 부릅니다.

다루어야 할 질문

• 인간은 하나님의 형상에 따라 지음받았다고 합니다. 그 증거가 무엇일까요?

생각 더하기+

하나님의 성품과 능력을 생각해 보고 인간에게 그와 비슷한 무언가가 있는지 이야기해보도록 합니다. (예; 사랑, 정의감, 용서, 창의성, 아름다움에 대한 감성 등)

....

소진화와 대진화의 차이
에 대해 창세기 1장의 창조
이야기를 참고하여 이야
기 해봅니다. 소진화는 종
내에서의 작은 변이를 뜻
하고 대진화는 한 종에서
다른 종으로 바뀌어서 발
전하는 것을 의미합니다.
다윈의 진화론은 대진화
를 의미하는데 이에 대해
알아봅니다.

창세기 1장 11-25절에서
는 하나님께서 모든 생물
들을 각기 그 종류대로 만
드셨다고 합니다.

관찰을 통해 우리는 작은
유전적인 변화나 돌연변
이같은 '소진화'를 발견할
수 있습니다. 그러나 다윈
의 주장과 같이 공통의 조
상으로부터 모든 생명체
가 분화되어 진화했다는
것은 받아들일 수 없습니
다. 원숭이는 아무리 진화
를 해도 머리 좋은 원숭이
일뿐 인간이 될 수는 없다
고 말입니다.

하나님이 땅의 짐승을 그
종류대로, 가축을 그 종류
대로, 땅에 기는 모든 것을
그 종류대로 만드시니 하
나님이 보시기에 좋았더
라(창1:25).

• 진화론이란 무엇일까요? 사전과 생물 교과서를 중심으로 살펴봅시다.

• 창조론과 진화론을 모두 받아들이는 유신진화론의 주장을 조사해 보고 이것이 문제가 되는 이유를 알아 봅시다.

생각 더하기+

유신진화론은 진화론과 창조론을 타협시키기 위해 나온 이론입니다만 유신진화론으로는 아담과 이브의 타락과 원죄, 그리고 이를 해결한 예수 그리스도의 구속 사역을 설명할 수 없기 때문에 성경적 세계관의 입장에서 받아들일 수는 없습니다.

활동

생각 더하기+

http://reasons.org

이 사이트는 과학자들이 주축이 되어 성경말씀에 나오는 과학적인 현상들에 대해 설명해 주는 곳입니다. 진화론과 창조론에 대해 이곳의 자료를 찾아보도록 합니다.

또한 한국창조과학회 (www.creation.kr) 홈페이지에도 관련 자료가 많으니 참고해 보기 바랍니다.

• 인터넷에서 '지적설계론'에 관련된 자료 찾아보기

• '하나님의 형상'으로 지음 받은 형제, 자매, 친구들에게 한가지 친절 베풀기

2. 세속적 인본주의 (Secular Humanism)

핵심단어: 진화, 무지, 과학

성경적 세계관이 하나님의 관점에서 마치 전지적 작가 시점의 이야기가 펼쳐지듯이 우리에게 계시하신 내용이라면 인본주의 세계관은 인간이 스스로 이야기 속의 주인공이 되어 1인칭 주인공의 시점으로 세상을 이해하고 해석하는 것을 말합니다. 이야기 속 주인공은 마치 자신이 작가인줄로 착각을 하면서 말입니다. 이러한 세계관에서 가장 중요한 문제는 인간과 사회를 구원할 수 있는 힘이 바로 인간의 능력에서 나온다는 강한 믿음입니다.

성경적 세계관을 제외한 모든 세계관은 '인본주의'라는 이름으로 불릴 수 있지만 여러가지 인본주의 세계관 중에서 먼저 인간의 이성과 과학에 대한 믿음에서 출발하는 '세속적 인본주의'를 구별하여 설명해 보도록 하겠습니다.

1) 인간이란 어떤 존재인가?: 진화

세속적 인본주의 세계관의 가장 큰 특징은 자연주의입니다. 자연주의란 우리 눈에 보이고 만져지는 자연계가 세상의 전부이고, 보이지 않는 초월적인 세계나 존재는 없다는 것이지요. 그러니 하나님, 천사, 영혼, 천국과 같은 개념은 그저 허구나 상상의 산물에 불과하다고 여깁니다. 하나님이 없는 세상, 이것이 바로 인본주의 세계관의 출발점입니다.

따라서 인간 역시, 초월적인 창조주 하나님께서 자신의 형상으로 창조하여 영혼을 불어넣은 존재가 아니라 그저 살과 뼈와 피로 구성된 물질에 불과한 존재입니다. 인본주의자들은 우주는 우연히 생겨났으며 생명이 없는 물질로부터 생명이 진화되었고, 매우 단순한 형태의 생명체로부터 점점 더 복잡하고 고등한 생명체로 분화되고 발전되었다는 가설을 믿습니다.

또한 인간의 정신이란 인간의 뇌가 진화하는 과정에서 나타난 부산물이라고 설명합니다. 이러한 진화론적 가설은 고대 그리스 시대부터 있어왔지만 17세기 계몽주의 시대로부터 발전하기 시작하여 19세기 찰스 다윈에 의해 '진화론'이란 이름의 과학으로 나타나면서 완성되었다고 볼 수 있습니다.

이 세상에 하나님은 없고, 인간은 우연한 자연의 선택에 의해 진화, 발전된 존재이며 우리의 삶은 지상에서 맞이하는 죽음으로 끝난다라는 생각은 이후 모든 인본주의 세계관의 기본적인 전제가 되었습니다.

2) 인간세상에는 왜 이렇게 문제가 많은가?: 무지

이 질문에 대해 세속적 인본주의자들은 '무지'라고 대답합니다.

인간사회에서 나타나는 여러가지 문제점들은 진화의 과정 속에서 필연적으로 발생하는 부작용이거나 아직 충분히 진화하지 못하였기 때문에 생기는 문제들이라고 생각합니다. 이런 문제점들은 이성을 사용하여 과학과 기술을 발전시켜서 우리의 무지를 없애나가면 충분히 해결할 수 있다고 믿습니다. 인류 문명의 끝없는 '진보'라는 매우 낙관적인 관점을 견지하고 있는 것입니다.

그런데 이러한 인류문명의 진보를 방해하는 요소가 있으니 바로 '종교'입니다. 인간은 하나님이 없어도 충분히 스스로 문제를 해결해 나갈 수 있는데 하나님이 없으면 인간이 살 수 없다고 주장하는 것이 종교이기 때문입니다.

세속적 인본주의자들은 여러가지 미신들이나 무속종교가 과학적 무지의 산물인 것처럼 서구 사회의 주류 종교인 기독교 역시 미신의 일종이라고 생각합니다. 특히 기독교는 '하나님'이라는 가상의 절대자를 설정해 놓고, 그가 정해 놓았다는 범위를 벗어나지 않는 것이 올바른 행동이며, 인간은 궁극적으로 자신의 문제를 해결할 능력이 없다고 가르친다고 비판합니다.

하나님의 존재를 믿지 않는 세속적 인본주의자들의 입장에서는 인간에게 스스로를 구할 능력이 없다고 주장하는 기독교는 사람들을 속이고 기만하며 수동적으로 만드는 더 큰 해악을 끼치는 종교입니다.

3) 그 문제를 어떻게 해결할 것인가?: 과학과 기술의 발전

세속적 인본주의 세계관에서 제시하는 문제해결 방식은 명확합니다. 과학과 기술의 발전입니다.

의학의 발전은 난치병과 불치병을 차례로 정복해가고 있습니다. 공학의 발전은 에너지 문제와 환경문제를 해결해 줄 것처럼 보입니다. 실제로 지구가 쓸모없이 된다면 화성을 개발하겠다고도 하지요. 인간의 역사는 늘 문제가 발생하면 그것을 해결해 온 역사였습니다. 그러니 앞으로도 계속 그럴 것이고, 궁극적으로는 모든 문제가 해결된 유토피아를 맞이하게 될 것이라고 믿습니다.

이들에게 문제란 오직 물질과 육체에 관계된 것에만 한정됩니다. 인간의 영적인 문제와 갈망은 사실상 뇌의 문제이기에 뇌를 치료하여 기능을 정상화시키면 그 문제 역시 해결될 것이라고 생각합니다. 최근 크리스퍼 유전자 가위 기술로 '증강인간'이라든가 '트랜스휴먼'처럼 인간과 기계의 결합으로 인간의 능력을 극대화하고 육체적인 한계조차 넘어설 수 있는 날이 곧 온다고 합니다. 인간의 한계는 어디까지 일까요? 그리고 누가 그 한계를 결정해야 하는 것일까요?

다루어야 할 질문

• 하나님은 정말 계실까요? 하나님이 계시다는 것을 어떻게 알 수 있습니까?

생각 더하기+

하나님이 계시다는 사실에 대해 다양한 사람들이 다양한 방식으로 증명해 보이려고 했습니다.

영국의 윌리엄 페일리라는 사람은 '시계공'으로 논증했습니다.

어떤 정교한 시계가 있으면 필연적으로 그 시계를 만든 사람, 즉 창조자의 존재를 인정할 수 밖에 없다는 것이지요.

그러나 이렇게 거창한 논리가 아니더라도 평범한 그리스도인들은 다음과 같은 여러가지 이유를 들어 하나님에 대한 믿음을 가지게 됩니다.

1) 성경말씀의 직접적 계시, 2) 성경을 통해 변화된 사람들의 증언, 또는 개인적인 체험 3) 학문적 증거들(고고학이나 과학적 발견들)

창세로부터 그의 보이지 아니하는 것들 곧 그의 영원하신 능력과 신성이 그가 만드신 만물에 분명히 보여 알려졌나니 그러므로 그들이 핑계하지 못할지니라(롬1:20).

• 과학의 정의(Definition)는 무엇인가요? 이 정의에 따르면 진화론은 증명된 과학일까요? 아니면 여전히 검증되어야 할 가설일까요?

• 그리스도인들이 과학을 바라보는 올바른 태도는 무엇일까요?

생각 더하기+

과학과 기술은 그 자체만으로는 가치 중립적인 개념이라고 할 수 있습니다. 다만 그 과학과 기술을 어떤 사람이 어떤 목적으로 사용하는가에 따라 인류에게는 축복도 될 수 있고 재앙도 될 수 있습니다. 그리고 누가 그 목적을 결정하는 권리를 가지는가, 또는 과학의 발전에 한계는 없는가 하는 문제가 늘 함께 대두되고 있습니다.

그리스도인 과학자들은 하나님께서 만들어 놓으신 자연의 질서와 신비를 탐구함으로써 하나님께 영광을 돌리고 이웃을 이롭게 해야 할 사명을 가지고 있습니다.

활동

• 인터넷에서 미국인본주의자협회(American Humanist Association)의 홈페이지 (https://americanhumanist.org)를 찾아보고 올해의 인본주의자 상을 수상한 사람들의 명단 확인해 보기

• 본받고 싶은 크리스찬 과학자 찾아보기

3. 마르크스주의 (Marxism)

핵심단어: 계급투쟁, 프롤레타리아 윤리와 혁명, 유토피아

생각 더하기+

'좌파'라는 말은 1789년부터 시작되었던 프랑스 대혁명 때 프랑스 국민공회 의장석을 기준으로 왼쪽에 급진적이고 혁명적인 사회변혁을 주도했던 자코뱅파가 자리했던 것에서 비롯되었습니다. 19세기 마르크스의 사상이 출현하고난 이후에는 공산주의 사상을 통칭하는 말로 쓰입니다.

마르크스주의는 칼 마르크스의 사상을 말하며 공산주의, 사회주의, 좌파 등의 말로 달리 표현되기도 합니다. 칼 마르크스의 사상은 일생의 동지였던 프리드리히 엥겔스와 함께 쓴 『공산당 선언』이라는 글에 잘 요약되어 있습니다. 공저자였던 엥겔스는 『공산당 선언』에서 나온 모든 사상은 칼 마르크스의 것이라고 거듭 확인해주고 있습니다.

마르크스주의는 자본주의와 대척점에 서 있는 이론입니다.

자본주의는 원래 자유시장경제체제를 의미하는 것이었으나 19세기부터 자본주의가 전세계로 확산되면서 부의 양극화를 심화시키는 불평등한 경제시스템을 의미하는 것으로 이해되기 시작했습니다. 산업구조가 바뀌면서 노동자가 땀흘려 일해서 벌어 들이는 근로소득보다, 돈이 더 많은 돈을 벌어들이는 구조가 심화되었고 노동자들의 불만은 더욱 더 커져 가게 된 것입니다. 이러한 사회적인 토양에서 마르크스주의가 태동하였습니다.

그러나 20세기, 사유재산제도를 폐지하고, 국가 권력이 경제를 통제하며, 강제적으로 분배를 실시했던 공산주의 국가들의 실험은 궁핍과 기아, 대량학살과 인권 침해로 귀결되었습니다. 이론과는 달리 현실 세계에서 마르크스주의를 국가 운영의 지침으로 삼았던 모든 나라들은 예외없이 가난과 폭압에 시달렸던 것입니다.

반면에 자본주의 시장경제를 기초로하는 자유민주주의 국가들은 더욱 번영하였으며 복지정책을 통해 자본주의의 폐해를 수정해갔습니다. 자본주의가 불완전하고 단점도 많지만 그래도 지금까지 이 세상을 유지하고 발

전시키는데 있어서 가장 유용한 경제 시스템이라는 점이 확인된 셈입니다. 그런데 오늘날에도 칼 마르크스가 주장했던 공산주의 이론들이 여전히 우리 사회에 큰 영향력을 행사하고 있습니다. 왜 그럴까요?

많은 사람들이 공산주의의 실험은 실패했지만 이상은 좋은 것이었다고 말하면서, 만일 진정한 공산주의가 실행된다면 진짜 유토피아가 올지도 모른다고 아직도 믿고 있습니다. 특히 더 이상 폭발적인 경제성장을 기대하기 어렵고, 부모 세대만큼 잘 살 수 있을거란 소망을 잃어버린 선진국의 밀레니얼 세대들에게 분배적 정의를 외치는 공산주의는 매우 매력적인 선택지로 다가오고 있다고 합니다.

그렇다면 마르크스주의 세계관은 어떤 내용으로 구성되어 있을까요?

1) 인간은 어떤 존재인가?: 물질과 계급의식의 진화

마르크스주의는 찰스 다윈의 진화론을 근거로 인간과 인간의 역사 발전을 이해하고 해석합니다. 마르크스주의는 인간이란 창조된 존재가 아니라 우연히 발생한 단순한 물질로부터 고등한 형태로 진화된 존재라고 말합니다. 다윈의 진화론을 수용한 것이지요. 다윈의 진화론에 덧붙여진 한가지가 있다면 물질적 진화를 하고 있는 인간은 생존을 위해 서로 싸우게 되는데 이 과정에서 계급의식이라는 것이 발생하여 계급의식도 함께 진화된다고 주장하는 것입니다.

계급의식은 경제적인 현실에 따라 사람들을 두 가지 부류로 분화시킵니다. 생산도구를 가지고 경제적으로 지배를 하는 부유한 계급은 '부르주아'로, 생산도구가 없이 자신의 노동력을 팔아 생계를 이어야 하는 가난한 사람들은 '프롤레타리아' 계급으로 나누어져 발전하면서 자신들의 정체성을 스스로 그렇게 규정하게 만들어 버립니다. 인간은 오직 이 두 부류의 계급으로 존재하는 것입니다.

이 두 계급 간의 갈등 과정이 바로 역사의 발전 과정이며 역사는 변증법적으로 발전하게 된다고 주장합니다. 이것을 변증법적 유물론이라고도 합니다. 유물론이란 물질이 정신을 지배한다는 이론이고 , 변증법이란 어떤 명제가 존재하면 그 명제에 반하는 반명제가 발생하고 이 두가지가 통합되어 하나의 새로운 명제를 형성하게 된다는 이론입니다 . 따라서 변증법적 유물론이란 경제권력을 둔 갈등과 투쟁이 '정-반-합'의 과정을 통해 발전하는 것이 인간의 역사라는 주장입니다. 그리고 역사가 이렇게 '정-반-합'의 과정을 거쳐 지속적으로 발전하다 보면 결국 가장 이상적인 상태에 도달하게 된다고 말입니다.

2) 인간세상에는 왜 이렇게 문제가 많은가?: 억압과 소외

마르크스주의에 따르면 인간사회는 경제적인 차이에서 기인하는 계급간의 투쟁과 갈등이 계속되는 곳입니다. 이렇게 투쟁과 갈등이 계속되면 필연적으로 상처입고, 억압당하고, 피해를 보는 일들이 발생하게 됩니다. 이것이 바로 우리 사회의 문제와 고통의 원인입니다.

부자들은 더 많은 물질을 가지기 위해 가난한 사람들을 억압하고 착취합니다. 뿐만 아니라 자신들의 계급적 지위를 유지하기 위해 부자들에게 유리한 사회 시스템을 견고하게 구축하며 변화하려고 하지 않습니다.

반면에 가난한 사람들은 부자들이 더 큰 부자가 되도록 이용 당하고, 결국 노동력을 착취당합니다. 그리고 동시에 자신의 노동으로부터도 소외됩니다. 1차 산업혁명 이후, 사람들은 처음으로 대량생산, 대량 소비의 시대

생각 더하기+

경제와 같은 물질적인 하부구조가 문화나 정치와 같은 사회의 정신적인 상부구조를 결정하고 만들어 간다는 주장을 경제결정론이라고 합니다.

생각 더하기+

현실에서는 항상 정-반-합으로 역사가 전개되지 않습니다. 제 3의 길, 예측하지 못했던 새로운 방향들이 항상 나타났었지요. 그런 측면에서 변증법은 이론적으로는 매우 설득력이 있지만 현실을 제대로 반영한 것이라고 보기는 어렵다고 생각됩니다.

를 맞이하게 됩니다. 이때부터 노동자들은 거대한 컨베이어 벨트 위에서 자신에게 맡겨진 동일하고 단순반복적인 일들을 하면서 회사라는 거대한 조직에 매여 살아가게 되었습니다. 마치 거대한 기계의 부품처럼 살아가다 보니 생산과정 자체로부터 소외되는 삶을 살아가게 되었고 자신의 급여로는 자기가 생산하는데 기여한 제품을 살 수 없는 형편이 되어 생산된 물건으로부터도 소외되었습니다.

이런 현실 속에서 종교는 가난한 사람들의 편이 아니라 권력을 가지고 있는 기득권자들의 편일 뿐이라고 마르크스는 비판하였습니다. 칼 마르크스는 당시 기득권의 종교였던 기독교를 가리켜 '종교는 인민의 아편'이라고 말하기도 했습니다. 마르크스가 볼 때에는 가난한 인민들이 자신들이 당하고 있는 억압과 소외와 착취를 깨닫고 이러한 현상을 타파하기 위해 노력하고 일어나야 하는데 기독교는 사랑과 순종, 그리고 내세에서 맞이할 천국을 이야기하면서 현실의 괴로움을 무마시키고, 가난한 사람들이 가지는 혁명의 불꽃을 꺼뜨려 버리기 때문이라면서 말이죠.

마르크스는 기독교가 사람들에게 하나님께서 세우신 권위와 질서에 순종하여야 한다고 하면서 종에게는 상전을 섬기라고 가르치는데 이러한 가르침은 결국 부르주아들에게 프롤레타리아들이 복종해야 한다는 명분을 주게 되는 것이니 기독교는 프롤레타리아의 적이라는 것입니다. 성경에 있는 반대편 입장의 가르침에 대해서는 아무 말도 하지 않으면서 말입니다.

또한 한 남자와 한 여자의 결혼으로 이루어진 가정은 하나님께서 이 땅에 하나님의 사람들을 채우고, 이들로 하여금 하나님의 뜻을 이루게 하는 청지기로 삼기 위해 만드신 제도가 아니라 부르주아 계급들이 부를 쌓아가는 과정 중에 필요한 노동력을 생산해내는 공장과 같은 곳에 불과하다고 말합니다. 그러니 부르주아 계급을 타파하기 위해서는 부르주아에게 노동

생각 더하기+

종들아 두려워하고 떨며 성실한 마음으로 육체의 상전에게 순종하기를 그리스도께 하듯 하라 (엡 6:5-7).

상전들아 의와 공평을 종들에게 베풀지니 너희에게도 하늘에 상전이 계심을 알지어다(골4:1).

력을 제공하는 결혼과 가족제도를 해체하고 궁극적으로 프롤레타리아 독재가 이루어지는 국가에서 가정의 기능을 맡아야 한다고 생각했습니다.

3) 그 문제를 어떻게 해결할 것인가?: 혁명을 통한 해방

마르크스주의에서 인간사회의 문제라고 생각하는 것은 부르주아와 프롤레타리아간의 계급적 불평등, 억압, 착취, 소외 등입니다. 따라서 이 문제를 없애기 위해서는 계급을 철폐하고, 계급투쟁으로부터 발생하는 억압, 착취, 소외를 없애고, 모두가 평등하고 행복하게 사는 유토피아를 건설하면 되는 것입니다.

문제는 기득권자들인 부르주아들이 순순히 그들의 권리를 내놓지 않을 것이라는데 있습니다. 그래서 마르크스주의자들은 계급이 없는 평등한 사회로 가기 위해서는 반드시 폭력적인 혁명이 필요하다고 했습니다.

부르주아를 폭력적 혁명으로 처단하고, 오직 프롤레타리아 계급만이 지배하는 프롤레타리아 독재국가를 거쳐, 궁극적으로는 국가마저도 필요가 없이 모든 사회 구성원들이 자신의 능력만큼 일하고 필요한 만큼 분배받는 유토피아로 갈 것이라는 것이 마르크스주의자들의 주장입니다.

또한 그들은 자신들의 목표가 너무도 선하기 때문에 그 목표에 노달하기 위해서는 어떤 수단과 방법을 사용해도 괜찮다고 말합니다. 즉 목적이 수단을 정당화한다는 것인데요. 이것을 '프롤레타리아 윤리'라고 말합니다. 윤리란 원래 보편적으로 도덕적이고 선한 것을 실천하는 것을 말하는데 '프롤레타리아 윤리'는 프롤레타리아 계급의 목적달성을 위해 수행하는 모든 행동을 '선(善)'하다고 정당화하고 있습니다.

1989년 동독과 서독을 가로 막고 있던 베를린 장벽이 무너지고, 1991년 공산주의 종주국이었던 소련이 무너지면서 마르크스가 꿈꾸었던 공산주의 유토피아의 실상이 전세계에 드러나게 되었습니다.

프롤레타리아 혁명을 성공시키기 위해 많은 사람들의 무고한 생명이 빼앗겼음에도 불구하고 여전히 그들이 소원하던 유토피아는 이루어지지 않았으니 말입니다.

다루어야 할 질문

• 자유민주주의 사회에서 추구하는 평등과 공산주의 사회에서 추구하는 평등의 차이점은 무엇일까요?

생각 더하기+

평등에는 법 앞의 평등, 기회의 평등, 결과의 평등 등 여러가지 종류가 있습니다. 또한 평등의 분야도 경제적 평등, 사회, 정치적 평등 등 다양한 범위와 수준이 있지요.

이중 자유민주주의 국가의 국민으로서 우리가 선택하고 추구해야 할 평등은 법 앞에서의 평등과 기회의 평등이지 개인의 개성과 능력을 무시하고 전체적으로 하향 평준화 시키는 결과적 평등이 아니라는 사실을 명심해야 할 것입니다. 결과적 평등은 불공정(불의)의 다른 이름일 뿐입니다.

• 세상에서 많은 사람들이 하나님은 불공평하다고 말합니다. 왜 그럴까요?
  하나님이 원하시는 공평과 책임에 대해 이야기 해 봅시다.

• 유토피아의 의미는 무엇일까요? 공산주의의 유토피아와 성경에 나타난 하나님의 나라는 어떻게 다를까요?

생각 더하기+

유토피아란 '이 세상에 어디에도 존재하지 않는 장소'라는 의미입니다. 요즘에는 인간이 상상할 수 있는 최상의 장소를 의미하지요. 이와 대조적인 '하나님의 나라'에 대한 성경말씀을 찾아보세요.

주 여호와의 영이 내게 내리셨으니 이는 여호와께서 내게 기름을 부으사 가난한 자에게 아름다운 소식을 전하게 하려 하심이라 나를 보내사 마음이 상한 자를 고치시며 포로된 자에게 자유를, 갇힌 자에게 놓임을 선포하며 여호와의 은혜의 해와 우리 하나님의 보복의 날을 선포하여 모든 슬픈 자를 위로하되 무릇 시온에서 슬퍼하는 자에게 화관을 주어 그 재를 대신하며 기쁨의 기름으로 그 슬픔을 대신하며 찬송의 옷으로 그 근심을 대신하고 그들이 의의 나무 곧 여호와께서 심으신 그 영광을 나타낼 자라 일컬음을 받게 하려 하심이라(사61:1-3).

활동

• 1917년 레닌의 볼세비키 혁명 이후, 세계 도처에서 벌어졌던 공산당에
   의한 대학살 사건들에 대해 조사해 보기(예: 캄보디아 폴포트 정권이 벌였던
   대량 학살로 인해 생긴 매장지, '킬링필드')

• 현재 지구상에 남아있는 공산주의 국가들의 상황에 대해 조사해 보기

생각 더하기+

월스트리트 저널과 헤리티지 재단에서 매년 발표하는 경제자유지수(Index of Economic Freedom)를 참고하세요.

• 북한 관련 뉴스를 1개 찾아서 보기

4. 포스트모더니즘 (Postmodernism)

핵심단어: 진리, 상대주의, 희생자 의식

포스트모더니즘(Postmodernism)이란 모더니즘(Modernism) 이후(Post)의 시대정신을 말합니다.

모더니즘이란 단어를 들으면 보통 인간의 이성에 대해 많은 신뢰를 보내던 19세기와 20세기 초를 생각하게 됩니다. 이 시대에는 과학기술의 발전으로 인간의 물질 문명이 획기적으로 진보하였던 때였습니다. 또한 인간의 의지와 이성의 힘으로 자연의 많은 부분도 정복할 수 있었습니다.

그러나 동시에 1-2차 세계대전이라는 유례없는 전쟁의 소용돌이 속에서 수많은 사람들이 생명을 잃었고, 파괴가 일어나기도 했습니다. 이런 시대적 격변 속에서 사람들은 인간의 이성적 능력에 의심을 품기 시작했습니다.

중세 시대가 종교적인 믿음만을 강조했다면 르네상스와 계몽주의는 인간의 이성에 대해 깊이 성찰하고 신뢰를 보내던 시기였습니다. 이 시대 사람들에게는 과학적으로 증명이 가능한가, 사실인가 하는 것이 중요한 문제였습니다. 그런데 20세기 이후, 포스트모더니즘 시대에 들어서면서 인간의 이성이 그다지 합리적이지도 않고, 전적으로 신뢰할 만한 것도 아니라는 생각이 들기 시작했습니다. 오히려 개인의 주관적인 생각과 감정이나 느낌이 더 중요하게 여겨지는 시대가 열리게 된 것입니다.

계몽주의 시대에 이르러 인간은 자신들의 사고 체계에서 모든 판단의 절대적인 기준이 되셨던 하나님을 몰아내고, 그 자리에 이성을 앉혔습니다. 그런데 이제 그 이성마저 몰아내고 주관적인 감성이 주인 노릇을 하게 된

생각 더하기+

그 때에 이스라엘에 왕이 없었으므로 사람이 각기 자기의 소견에 옳은 대로 행하였더라(삿21:25).

것입니다. 절대적인 판단 기준이 사라지고 각 개인이 자기가 옳다고 생각하는대로 행동해도 괜찮은 새로운 시대가 온 것입니다.

우리가 살고 있는 현대의 대표적인 세계관인 포스트모더니즘은 어떤 세계관일까요?

1) 인간은 어떤 존재인가?: 진화/불가지론

포스트모더니즘의 가장 큰 특징은 이제 더 이상 '거대 담론(Meta Narrative)'이 없어졌다는 것입니다. 인류의 역사를 관통하는 위대한 메시지, 인류의 삶을 주관하는 절대적인 진리, 이런 개념이 없어지고 각자 자신이 선호하는 작은 이야기들을 품고 살아가며, 서로가 그러한 이야기들을 받아들여 주면서 살아가는 시대가 된 것입니다.

그러다 보니 인간이 어떤 존재인지에 대한 거대 담론 역시 큰 의미를 지니지 못합니다. 우주는 어떻게 시작되었는지, 인간이라는 '종(種)' 자체가 어떻게 발생되었는지 따위의 문제는 포스트모더니즘의 주요 관심사가 아닙니다.

물론 포스트모더니즘의 성격상, 천지를 창조한 절대적이고 초월적인 존재, 즉 하나님이라는 절대적인 기준을 폐기처분했기 때문에 하나님이 인간을 창조했다는 성경적 세계관에 동의하지 않습니다. 하나님이 없다면 인간은 진화한 동물이라고 밖에는 설명할 길이 없기 때문에 자연스럽게 진화론적 인간관을 가지게 됩니다.

그리고 이렇게 진화된 각각의 인간은 어떠한 하나의 정체성으로 결정되어 있지 않습니다. 그저 상황에 따라 유동적인 존재가 된다고 생각합니다.

인간에게는 생물학적, 심리학적, 사회학적인 자아가 있고, 필요와 상황에 따라 내 속에 있는 자아의 어떤 특정한 면들을 끄집어 내어서 그때 그때 닥치는 상황에 대응하면서 살아가고 있다고 생각합니다.

2) 인간 세상에는 왜 이렇게 문제가 많은가?: 절대적 진리에 대한 강요

포스트모더니즘은 절대적인 진리나 절대적인 기준, 변하지 않는 사회구조 등이 있다는 것에 대해 인정하지 않습니다. 모든 것은 상대적이고, 유동적입니다. 심지어 인간의 정체성조차도 사회구조에 따라 만들어지고, 사회구조가 변하거나 해체되면 그에 따라 변하거나 해체될 수 있다고 생각합니다.

예를 들어 남자와 여자라는 생물학적인 성별 정체성조차도 사회구조 속에서 정해진 것일 뿐 절대적인 의미를 가지지 않습니다. 그래서 이러한 사회구조가 해체되면 생물학적인 성별의 구별도 해체될 수 있다고 생각합니다.

포스트모더니즘에서는 언어와 사회구조가 중요한데 언어가 사회구조를 만들고, 사회구조는 개인의 정체성을 만든다고 생각합니다. 그래서 언어를 바꾸면 사회구조가 바뀌고, 따라서 개인의 정체성도 바뀌게 되는 것입니다. 한편 모더니즘 시대에는 인간이 이성적으로 생각해서 보편적으로 바람직한 사회에 대한 청사진이 존재했었습니다. 그러나 포스트모더니즘의 시대에서는 각 개인이 자신의 선호에 따라서 바람직하다고 여기는 사회구조를 다양하게 상상해 낼 수 있습니다.

과거에는 '건강한 가족'이라는 말은 한 남자와 한 여자가 결혼하여 자녀를 낳아 구성되는 핵가족을 의미했었습니다. 건강한 가족이라는 말이 핵가족이라는 사회를 구성하고 개인은 그렇게 구성된 사회구조 속에서 자신의 정체성과 위치를 규정하였던 것입니다. 그리고 그것이 모든 사람들이 바람직하다고 동의하는 방향이라고 생각했습니다.

그러나 포스트모더니즘 세계관에서는 '건강한 가족'이란 언어는 각자가 상상하고 바람직하다고 여기는 다양한 모습으로 나타납니다. 더이상 전통적인 핵가족이라는 사회구조를 의미하지 않습니다. 따라서 이렇게 변화된 다양한 모습을 담아내기 위해서 전통적인 결혼과 가족이라는 사회구조는 해체되어야 합니다. 그리고 개인은 자신이 선호하는 건강한 가족의 형태 속에서 자신의 정체성과 위치를 새롭게 규정하게 됩니다. 그리고 자신의 선호가 바뀐다면 다시 새로운 정체성과 위치를 가지면 됩니다. 만약 누군가가 여전히 어떤 하나의 형태만이 '건강한 가족'이라고 정의할 수 있다고 한다면 그 사람이야말로 차별적이고 배타적인 문제아인 것입니다.

포스트모더니즘은 이렇게 모든 것이 다 허용되는 사회 속에서도 여전히 사람들이 자유롭지 못하고 고통스럽게 살 수 밖에 없는 이유가 절대적인 진리와 기준 그리고 모범이 있다고 주장하는 사람들 때문이라고 주장합니다. 이들이 바로 우리 사회의 '문제아'들이며 이들의 태도가 모든 문제의 원인이라고 말입니다.

특히 기독교는 인간의 삶 속에서 절대적인 주권을 가진 하나님이 계시고, 그분의 명령과, 규례와 율법을 지켜야만 행복하게 살 수 있다고 가르칩니다. 포스트모더니즘 세계관을 가진 사람들이 볼 때 기독교는 하나님이 정하신 삶의 법칙과 질서를 어기는 것은 불행을 자초하는 일이라고 주장하면서 인간의 자유정신을 억압하는 집단, 세상에 문제를 만들어 내는 트러블 메이커입니다.

생각 더하기+
....
이스라엘아 네 하나님 여호와께서 네게 요구하시는 것이 무엇이냐 곧 네 하나님 여호와를 경외하여 그의 모든 도를 행하고 그를 사랑하며 마음을 다하고 뜻을 다하여 네 하나님 여호와를 섬기고 내가 오늘 네 행복을 위하여 네게 명하는 여호와의 명령과 규례를 지킬 것이 아니냐 (신10:12-13).

3) 그 문제를 어떻게 해결할 것인가?: 자유와 관용

포스트모더니즘 세계관에서는 '신의 죽음'을 선포합니다. 지금까지 인간의 삶을 규정했던 모든 절대적인 진리, 도덕, 규범과 가치의 죽음을 선언합니다. 대신 모든 사람들이 각자 자신의 생각에 따라 옳고 그름을 선택하고, 자신이 어떻게 살아가야 할지를 정하면 됩니다.

타인에게 해를 끼치지 않는 일이라면 모든 것을 허용하게 되고, 모든 것을 관용하고 포용합니다. 이를 위해 적당한 선에서 선과 악이 타협을 하게 되는데 그러면 이 세상에는 다툴 일도 없고, 상관할 일도 없게 되는 평화로운 세상이 오게 된다고 말입니다. 단 한 부류의 사람들, 진리가 여전히 존재하고 있다고, 이 길만이 옳은 길이라고 주장하는 배타적인 사람들, 특히 유일하신 하나님의 존재를 믿고 따르는 기독교인들의 입만 막으면 될 것입니다.

'차별과 배제', '호모포비아(Homophobia)', '혐오'… 이런 단어들이 최근에 매우 유행하고 있습니다. 포스트모더니즘 세계관은 원래 모든 것을 관용하고 인정하자는 주장이었는데 어느새 자신들의 세계관과 맞지 않는 절대적인 진리를 믿는 사람들을 공격하고 있습니다. 모든 것을 받아들일 수 있지만 오직 진리가 존재한다는 주장만은 받아들일 수 없다고 하는 포스트모더니즘. 자가당착에 빠진 포스트모더니즘이 구원받을 길이 있을까요?

다루어야 할 질문

생각 더하기+
....
출20:1-17

신5:6-21

• 십계명을 찾아서 써 보세요.

• 십계명은 여전히 지켜야하나요? 지켜야 한다면 그 이유는 무엇일까요?

생각 더하기+

성경은 하나님께서 우리에게 도덕적인 규범과 기준을 주신 이유가 우리를 위해서라고 말씀하십니다. 성경 말씀을 지켰을때 행복했던 경험이 있다면 이야기 해 보세요.

활동

• 1960년대 유명한 음악 밴드인 '비틀즈'의 멤버였던 존 레논의 〈Imagine〉이라는 노래의 가사를 읽어보고 정말로 이런 세상이 온다면 어떨지 이야기 해 보기

• 마르셀 뒤샹의 조소 작품 '샘(fountain)'을 인터넷에서 찾아 보고 느낀 점
  이야기 해보기

5. 뉴에이지 (New Age/New Spirituality)

핵심단어: 자아, 합일, 범신론

인간을 하나의 생물 종으로 표현할 때 다양한 표현을 사용합니다. 대표적인 것이 호모 사피엔스(Homo Sapiens), '지혜로운 사람'이라는 말도 있고, 호모 루덴스(Homo Ludens), '놀이하는 사람'이라는 말도 있습니다. 그 중에 '호모 릴리져스(Homo Religiosus)'라는 말도 있습니다. '종교적인 사람'이라는 뜻인데요. 인간은 어떤 경우에라도 믿음의 대상, 숭배의 대상을 필요로 한다는 말일 것입니다.

기독교에서는 하나님께서 인간을 창조하실 때에 그 영혼 속에 하나님과 소통할 수 있는 능력을 주셨다고 믿습니다. 그런데 타락으로 인해 하나님과의 관계가 끊어져버리고 영적인 소통능력을 잃어버리게 되었습니다. 그렇게 해서 버려진 인간의 영혼 속에는 그래도 여전히 하나님이 아니면 채울 수 없는 영역이 남겨져 있기 때문에 인간에게 종교심이라는 것이 있다고 설명합니다.

하나님과 관계가 끊어진 인간은 이 영역에 하나님이 아닌 다른 그 무언가를 채워 넣기 시작했습니다. 그것이 바로 '우상(Idol)'입니다.

뉴에이지는 이러한 인간의 종교적인 심성, 영혼의 갈망을 간파한 세계관입니다. 이 세계관에서는 이 세상 모든 만물들에 신성이 깃들어져 있다고 믿습니다. 이 신성을 에너지 또는 알 수 없는 우주의 마음이나 힘으로 표현하기도 합니다.

뉴에이지는 동양과 서양의 전통적인 범신론 종교들이 모두 혼합된 모습을 가지고 있습니다. 그래서 힌두교, 불교, 무속신앙, 토테미즘, 애니미즘

등 인간이 신앙할 수 있는 모든 것들이 다 들어 있습니다. 그러면 세계관을 구별하는 질문에 대한 뉴에이지 세계관의 답변을 들어 볼까요?

1) 인간은 어떤 존재인가?: 신성을 가진 존재

범신론을 기반으로 하는 뉴에이지에서 인간은 각자가 하나의 신성을 가진 존재입니다. 그러나 뉴에이지의 신성은 기독교에서 말하는 하나님의 성품을 닮아서 나타나는 신적인 특성과는 차이가 있습니다.

뉴에이지 세계관에서는 우주가 비인격적인 하나의 거대한 에너지 덩어리, 또는 알 수 없는 힘의 총합이라고 생각합니다. 이 땅의 생명체들은 각각 그 거대한 에너지 덩어리로부터 흘러 나왔거나 떨어져 나왔으며 인간도 예외가 아닙니다. 그래서 인간의 신성 역시 신성한 우주에서 떨어져 나온 부분인 것입니다. 그리고 결국 인간은 우주와 다시 합하여 하나가 됨으로써 자신의 신성을 극대화 할 수 있습니다.

2) 인간 세상에는 왜 이렇게 문제가 많은가?: 작은 자아

원래 인간이 존재의 의미를 찾기 위해서는 자신의 근원인 우주의 에너지, 힘 또는 우주의 마음과 연결되고 결국 그것과 합해져야 합니다. 그러나 인간은 내면의 욕심과 이기심, 부정적인 마음에서 벗어나지 못해서 궁극적인 우주의 힘에 연결되지 못하고, 그 힘과 에너지의 도움을 받지 못합니다. 이것이 인간사회의 문제입니다.

우주의 마음에 주파수를 잘 맞추어 우주의 신성과 연결되기만 하면 육체의 질병도 고쳐지고, 자기가 원하는 만큼의 부와 성공도 이룰 수 있을텐데 우리의 작은 자아는 그 일을 방해하고 있지요. 그리고 그 작은 자아들이 서로 부대끼며 살아 가다 보니 사회가 이렇게 문제가 많아지게 된 것입니다.

3) 그 문제를 어떻게 해결할 것인가?: 해탈과 합일

뉴에이지의 대답은 매우 간단합니다. 자아를 벗어나서 우주의 에너지와 하나가 되면 됩니다. 그리고 자아를 벗어나는 방법으로 조용하고 규칙적인 명상을 한다거나 자신의 내면을 비워내는 요가를 연마하거나, 영혼을 진정시키는데 도움이 되는 뉴에이지 음악을 듣게 하는 등의 훈련을 실시합니다. 이런 훈련을 통해 사람들은 점점 더 맑은 영혼으로 우주의 마음에 가까이 다가갈 수 있다고 믿기 때문입니다.

생각 더하기+

성경은 점을 치거나 무당에게 굿을 하는 행위를 엄격히 금지하고 있습니다. 이것은 하나님을 온전히 신뢰하지 못하고 하나님 대신 다른 영적인 존재를 의지한다는 의미이기 때문입니다. 재미로보는 사주팔자, 타로 점 등도 하나님께서 기뻐하지 않으십니다.

그의 아들이나 딸을 불 가운데로 지나게 하는 자나 점쟁이나 길흉을 말하는 자나 요술하는 자나 무당이나 진언자나 신접자나 박수나 초혼자를 너희 가운데에 용납하지 말라 이런 일을 행하는 모든 자를 여호와께서 가증히 여기시나니 이런 가증한 일로 말미암아 네 하나님 여호와께서 그들을 네 앞에서 쫓아내시느니라 너는 네 하나님 여호와 앞에서 완전하라(신18:9-13).

이러한 과정이 심화되면 이미 죽은 사람들과의 소통도 가능하다고 생각합니다. 인간은 불멸의 에너지이고 신성을 가졌기에 육체가 죽었다고 해서 사라지지 않습니다. 그의 영혼은 우주의 품 속 어딘가에 있기 때문이지요. 그래서 많은 무속인들 또는 영매라고 불리는 사람들이 죽은 사람을 불러내어 이야기할 수 있다고 주장하기도합니다.

과학이 발달한 21세기에 아직도 이런 세계관이 세계적으로 영향을 미치고 있다는 것이 이해가 잘 안가지만 앞에서도 말했듯이 인간은 종교적인 존재이고 하나님과 소통하도록 창조되었는데 타락으로 인해 소통이 불가능해지지 영적인 존재와 소통하고 싶은 소망이 왜곡된 모습으로 나타난 것이 뉴에이지가 아닌가 합니다.

다루어야 할 질문

• 성경은 하나님을 알만한 것들이 이미 사람들의 마음 속에 보여져 있다고 합니다. 그 예가 어떤 것이 있을까요?

생각 더하기+

하나님의 진노가 불의로 진리를 막는 사람들의 모든 경건하지 않음과 불의에 대하여 하늘로부터 나타나나니 이는 하나님을 알만한 것이 그들 속에 보임이라 하나님께서 이를 그들에게 보이셨느니라 창세로부터 그의 보이지 아니하는 것들 곧 그의 영원하신 능력과 신성이 그가 만드신 만물에 분명히 보여 알려졌나니 그러므로 그들이 핑계하지 못할지니라(롬1:18-23).

- 타로나 별자리 점을 본적이 있나요? 보고 난 후, 기분이 어땠나요? 이 외에도 주변에서 흔히 경험할 수 있는 미신적인 행위에는 어떤 것이 있나요?

활동

• '제사'의 유래와 의미에 대해 조사해 보기

생각 더하기+

국가기록원 사이트(http
://theme.archives.
go.kr)에서 [기록으로 만
나는 대한민국 〉 생활 〉 제
사/차례]를 참고하세요.
그리고 토정비결도 위키
백과에서 그 유래와 의미
를 찾아볼 수 있습니다. 이
것들에 대해 알아보고 그
리스도인으로서 이에 대
한 생각을 말해보세요.

무릇 이방인이 제사하는
것은 귀신에게 하는 것이
요 하나님께 제사하는 것
이 아니니 나는 너희가 귀
신과 교제하는 자가 되
기를 원하지 아니하노라
(고전 10:20).

스타워즈(Star Wars)는 미국 헐리웃의 조지 루카스 감독이 만든 SF영화로서 1977-1983년까지 오리지널 3부작, 1999-2005년까지 프리퀄(Prequal) 3부작, 2015-2019년까지 시퀄(Sequal) 3부작으로 구성되어 있는 시리즈물입니다.

영화 외에도 다양한 패러디와 관련 영상, 그리고 장난감 레고 같은 상품으로 여전히 전세계적으로 사랑을 받고 있습니다.

• 영화 〈스타워즈〉 시리즈에 나타난 뉴에이지적인 요소 찾아보기,

• 내가 좋아하는 영화, 소설, 웹툰 등에서 뉴에이지적인 요소 찾아보기

6. 이슬람 (Islam)

핵심단어: 복종, 이슬람의 다섯기둥, 신정국가

전 세계 약 16억 인구의 믿음 체계가 바로 이슬람입니다. 종교인구 비율로 보면 세계에서 가장 큰 세력을 차지하고 있습니다. 서구 사회를 중심으로만 생각하는 것에 익숙한 사람들에게는 이슬람의 존재가 그저 먼 나라 이야기에 불과합니다. 영화에서 본 사막의 회오리 바람 속에 낙타를 타고 다니는 유목민족을 상상하거나 시리아 내전이나 이스라엘과 팔레스타인 간의 분쟁 같은 전쟁 이미지를 생각하는 사람들이 많습니다.

그런데 전 세계가 이슬람에 대해 주목하게 된 계기가 있습니다. 바로 2001년 9월 11일에 있었던 9.11 테러입니다. 미국의 심장부인 뉴욕의 무역센터 빌딩이 이슬람 테러리스트들에게 공중에서 납치당한 비행기에 부딪혀 무참하게 무너져 내렸습니다. 뿐만 아니라 비슷한 시간대에 미국의 국방부도 동일한 방식의 테러의 목표물이었다가 가까스로 화를 모면했습니다.

생각 더하기+

이슬람 테러리스트들에게 희생당한 한국인으로는 2004년 이라크에서 납치되었다가 참수당한 김선일씨가 있습니다. 또한 2007년 분당샘물교회 단기선교팀 인원 23명이 아프가니스탄 탈레반에 의해 납치되었던 경우가 있었습니다. 이 사건에서 배형규 목사님이 순교하셨습니다.

이제 전세계에서 벌어지는 테러하면 떠오르는 이미지가 이슬람 근본주의 테러리스트들입니다. 우리나라 사람 중에도 이슬람 테러단체에 의해 참수를 당한 사람도 있었고 아프가니스탄의 이슬람 테러단체인 탈레반에 의해 납치당했다가 풀려난 경우도 있었지요.

뿐만 아니라 지금 유럽 사회는 점점 더 이슬람화 되어가고 있습니다. 이슬람 지역에서 온 이민자들이나 난민들이 유럽에 많이 정착했기 때문입니다. 출산율이 점점 낮아지고 있는 서구인들과는 달리 여전히 가족중심적이고, 일부 다처제를 허용하는 이슬람 문화권의 사람들은 많은 아이들을 낳기 때문에 유럽의 인구학적인 변화를 주도하고 있다고 합니다.

영국의 경우, 남자 신생아들의 이름 중 가장 많은 이름이 '무함마드'라고 합니다. 그리고 정부의 요직에도 이슬람 출신들이 자리를 많이 차지하고 있습니다. 문제는 한 나라의 이슬람 인구가 일정 비율이 넘어서면 그때부터는 이슬람 자치 공동체를 형성하고 그 지역 내에서는 해당 국가의 법이 아니라 이슬람의 법을 적용할 것을 요구하기 시작한다는 것입니다. 이것이 국내법과 충돌을 일으키거나 사회를 분열시키는 원인이 되기도 한다고 합니다.

그러면 이런 독특한 이슬람 사회와 문화를 만들어 낸 이슬람 세계관에 대해 알아보도록 하겠습니다.

1) 인간은 어떤 존재인가?: 창조

이슬람은 유대교, 기독교 등과 같이 유일신 사상을 가지고 있습니다. 이 유일신을 '알라'라고 부릅니다. 이슬람은 자신들의 선조를 아브라함의 아들, 이스마엘이라고 하며 구약 성경의 일부도 인정하고 있습니다. 그러나 이슬람은 예수님을 모세와 같은 선지자의 한 사람에 불과하다고 하면서 삼위일체 하나님의 한 위격이시라거나, 하나님의 아들이라거나, 인류의 구원을 위해 오신 메시아로 인정하지 않습니다. 그저 인간으로서 본받을 만한 매우 훌륭한 선지자입니다. 그리고 무함마드야말로 알라가 보낸 최후의 선지자이며 예수님을 포함하여 앞서 온 모든 선지자들의 사명을 완수한 사람이라고 믿습니다.

이슬람은 알라가 우주 만물의 창조주이며 인간을 창조했다고 믿습니다. 그러나 알라는 인간을 사랑의 대상으로, 자신의 형상을 닮은 자녀로 창조하지 않았습니다. 인간은 단지 알라의 명령에 복종하도록 창조되었고, 감히 알라와 소통을 한다거나 알라의 뜻에 의문을 제기할 수 없습니다. 이슬람교를 믿는 사람을 '무슬림'이라고 하는데 이 '무슬림'의 뜻이 바로 '복종하는 자' 입니다.

2) 인간 세상에는 왜 이렇게 문제가 많은가?: 불복종

이슬람은 모든 인간이 무슬림 즉, 알라에게 복종하기위해 창조되었다고 믿습니다. 그런데 인간이 알라의 명령에 따르지 않기 때문에 이 세상에 많은 문제와 고통이 발생한다고 주장합니다. 인간의 반역과, 불순종이 인간사회의 모든 문제의 원인인 것입니다

3) 그 문제를 어떻게 해결할 것인가?: 복종과 선행

인간의 불복종이 문제였으니 이제 인간이 알라에게 복종하고 마땅히 해야 할 의무를 성실하게 실천하면 됩니다. 그리고 그 의무의 내용이 바로 이슬람의 다섯 기둥이라고 불리는 것들입니다.

첫번째로 '알라 외에 다른 신은 없으며 무함마드는 그의 선지자이다'라는 매일의 신앙고백인 샤하다(Shahada)가 있고, 두번째로는 하루에 다섯번씩 메카를 향해 기도하는 살라트(Salat)가 있으며 세번째로는 수입의 2.5% 정도를 자선에 사용하는 자카트(Zakat), 그리고 네번째로는 라마단 기간 한 달 동안 금식을 하는 사움(Saum), 마지막으로 일생에 한번은 메카로 순례여행을 떠나야 하는 하지(Haji)입니다. 무슬림이라면 일생동안 이 다섯가지 의무를 성실히 이행해야만 하며, 이 세상 모든 사람들이 다 무슬림이 되어서 함께 이런 의무를 실천하고 살게 되면 인간사회의 문제가 해결될 것이라고 생각합니다.

이슬람 역시 인간의 죽음 이후에는 천국과 지옥이 있다고 믿습니다. 사

람들이 죽으면 자신의 선한 행위와 악한 행위를 저울에 달아 선한 행위로 저울 추가 기울면 천국으로 가고 반대로 악한 행위쪽이 더 무거우면 지옥으로 간다고 믿습니다. 이런 행위 구원관을 가지고 있기 때문에 이슬람에서 요구하는 의무를 더욱 철저히 지키려고 노력합니다.

그러나 어느 누구도 자신의 일생 중 선한 행위가 악한 행위보다 더 많을 것이란 보장이 없기 때문에 구원에 대해 늘 불안한 마음을 가질 수 밖에 없습니다. 이런 무슬림들에게 천국으로 가기 위한 가장 확실한 방법은 지하드(Jihad)라고 불리는 거룩한 전쟁(성전/Holy War)을 수행하다 순교하는 것입니다. 이 세상을 알라의 법에 따라 다스려지는 세상으로 만들고, 이슬람을 믿지 않는 사람들을 무슬림으로 개종시키는 거룩한 전쟁에서 순교하게 되면 천국이 100% 보장된다는 것입니다. 그것이 이슬람에서 자살 테러가 용인되는 이유가 되기도 합니다.

다루어야 할 질문

• 유대교, 기독교, 이슬람의 차이점은 무엇일까요?

생각 더하기+

성경은 오직 믿음으로 구원을 받고 믿음으로 의롭다 하심을 얻는다고 합니다. 인간의 노력으로 구원을 얻는다고 믿기 때문에 이슬람 역시 인본주의 세계관이라고 할 수 있습니다.

그러므로 사람이 의롭다 하심을 얻는 것은 율법의 행위에 있지 않고 믿음으로 되는 줄 우리가 인정하노라(롬3:28).

생각 더하기+

성경은 오직 예수님을 믿음으로 구원을 얻는다고 합니다.

이 예수는 너희 건축자들의 버린 돌로서 집 모퉁이의 머릿돌이 되었느니라 다른 이로써는 구원을 받을 수 없나니 천하 사람 중에 구원을 받을 만한 다른 이름을 우리에게 주신 일이 없음이라 하였더라(행4:11-12).

생각 더하기+

예수 그리스도에 대한 입장을 중심으로 이야기 해 봅니다.

• 이스라엘과 팔레스타인간의 분쟁의 원인은 무엇일까요?

활동

생각 더하기+

난민과 유학생의 분포를 나누어 알아보면 더 좋을 것 같습니다.

• 대한민국에 들어와 있는 이슬람 인구의 숫자와 그들의 예배장소인 모스크의 숫자 알아보기

예를 들면 서울 강남에 있는 [테헤란로]라는 도로명, 또는 터키 아이스크림이나 케밥과 같은 이슬람 음식들이 있습니다.

주변 이웃 중에 이슬람을 믿는 사람들이 있다면 대화를 하거나 물어 보아도 좋을 것 같습니다.

• 우리나라에서 발견되는 이슬람 문화 알아보기

생각 나누기

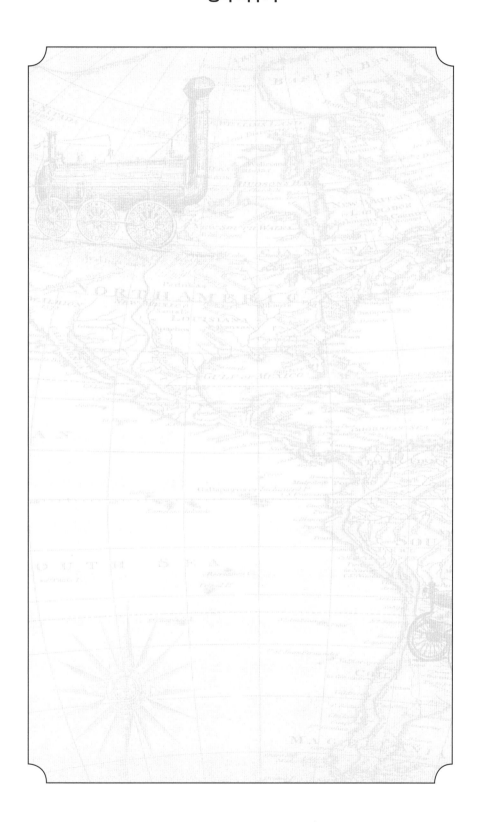

03

대한민국과 세계관

핵심단어: 자유민주주의, 법치주의(헌법), 삼권분립

생각 더하기+

『엄마가 들려주는 건국 대통령 이승만』(정현채 지음) 책을 참고하세요.

생각 더하기+

그리스도께서 우리를 자유롭게 하려고 자유를 주셨으니 그러므로 굳건하게 서서 다시는 종의 멍에를 메지 말라(갈 5:1).

1945년 8월 15일, 제2차 세계대전이 연합국의 승리로 끝나면서 우리나라는 일본의 식민지에서 해방되었습니다. 이 날이 '광복절'입니다. 그리고 3년 후, 1948년 8월 15일, 한반도의 남쪽에는 자유민의 공화국 대한민국이 건국되었습니다. 이 날은 대한민국 건국절입니다. 8월 15일을 광복절과 건국절로 함께 기념하고 지키는 이유는 해방의 기쁨과 건국의 감격을 잊지 않고 감사하기 위해서 입니다. 기쁨 두배의 날인 것이지요.

한 아기를 출산하는데에도 엄청난 산고가 따르는데 한 나라가 탄생하는데 왜 어려움이 없었겠습니까? 당시를 살아보지 않아서 정확히는 모르지만 식민지 조선을 자유민주주의 대한민국으로 완전히 탈바꿈 시키기 위해 모든 국민들이 엄청난 진통을 겪어야 했습니다.

건국 대통령 이승만은 기독교인으로서 성경적 세계관에 기반한 자유민주주의 국가를 세우는 것을 비전으로 삼았습니다.

성경은 한 사람, 한 사람이 모두 하나님의 형상으로 지음받은 존귀한 생명이며, 한 사람, 한 사람의 자유를 무척 소중하게 여깁니다. 이러한 성경적 세계관으로부터 천부인권 사상이 나오고 자유민주주의 사상이 나왔습니다.

또한 성경은 모든 사람이 하나님 앞에서 평등하다고 말합니다. 부자든 가난한 사람이든, 권력을 가진 사람이든 그렇지 못한 사람이든 모두가 하나님 앞에서는 똑같은 피조물이며 자신이 자유의지를 가지고 선택한 행동에 대해 책임을 져야 하는 존재입니다. 이러한 세계관에서 법치주의가 나왔습니다.

법치주의란 모든 사람들이 법의 지배를 받고, 법 앞에서는 평등하다는 생각입니다. 성경에서는 인간의 법의 기원은 바로 하나님의 법이라고 말하고 있습니다. 이것을 자연법 사상이라고 하는데요. 하나님의 법인 자연법 앞에서 모든 사람들이 평등하게 대우받듯이 하나님의 법의 그림자인 인간 사회의 법 앞에서도 모든 사람들은 평등하게 대우받아야 한다는 것입니다.

이런 자유민주주의와 법치주의라는 원칙 하에서 대한민국은 나라의 기본법이 되는 헌법을 제정하였습니다. 1948년 7월 17일, 한반도 역사상 처음으로 헌법이 선포되었고, 이 날을 우리는 제헌절로 지키고 기념합니다.

한편 성경은 인간의 타락에 대해서도 말하고 있습니다. 인간은 존귀하고 자유로운 존재이지만 동시에 하나님을 떠난 인간은 그 자유를 가지고 끝없이 타락할 수 있는 존재입니다. 그러므로 인간의 개인적인 의로움을 신뢰하기 보다는 사회적인 시스템으로 타락과 부패를 방지할 수 있도록 준비해야 한다는 것입니다. 이러한 세계관에서 삼권분립의 사상이 나왔습니다. 어느 한 사람이나 특정 정당이나 정파, 그리고 기관에 권력을 집중시키지 않고 입법, 사법, 행정부가 각각 역할과 책임, 그리고 권력을 나누어 가지면서 상호 견제와 감시를 할 수 있도록 말입니다.

생각 더하기+

프랑스 계몽주의 정치사상가인 몽테스키외(1688-1755)는 『법의 정신』이란 책에서 처음으로 '삼권분립'에 대한 명확한 설명을 한 것으로 유명합니다.

70여년이 지난 지금, 성경적 세계관을 바탕으로 세워진 대한민국은 한 사람, 한 사람이 자유롭고 존귀하게 여겨지는 나라, 정치, 경제, 문화 등 모든 면에서 국제사회를 선도하는 자랑스럽고 멋있는 나라가 되었습니다.

반면 개인보다는 집단을 중요하게 여기고, 자유보다는 평등을, 민주주의 보다는 공산주의를 정치제도로 선택한 북한은 모든 면에서 세계 최악의 국가로 전락했습니다.

북한 공산정권은 경제난을 해결하지 못하고 자국민을 300만명이나 굶어죽게 만들었고, 정치범 수용소를 운영하여 김씨 일가에 반대하는 모든 사람들을 짐승처럼 취급하고 있습니다.

특히 3대째 세습으로 정권을 유지하고 있는 북한 김일성 집안은 자신들의 권력을 유지하기 위해 내부적으로는 김일성 일가를 신격화하면서 주민들의 사상을 통제하였습니다. 그리고 여기에 가장 큰 반대세력인 기독교를 뿌리째 뽑아버렸습니다. 또한 외부적으로는 핵무기를 개발하여 전세계를 위협하는 불량국가가 되었습니다. 이런 북한에 대해 국제사회는 유엔의 결의를 통해 경제제재를 가하기도 하고 김일성 일가에 대해서는 반인도범죄자로 지정하여 규탄하고 있습니다.

지금의 대한민국과 조선인민민주주의 공화국이라고 불리는 북한을 바라보면 한 나라의 지도자가 가진 세계관이 국가와 민족의 미래를 다르게 할 수 있음을 알 수 있습니다. 이승만의 성경적 세계관과 김일성의 공산주의 세계관이 오늘날의 대한민국과 북한을 만들어 냈다고 말한다 해도 전혀 과장된 표현이 아닐 것입니다.

이제 미래의 지도자들인 우리 청소년, 청년들의 세계관에 따라 대한민국의 미래는 또다른 길을 가게 될 것입니다.

다루어야 할 질문

• 이승만 대통령은 어떻게 성경적 세계관을 가지게 되었을까요?

생각 더하기+

이승만 대통령의 회심에 대해 알아봅시다.

....

이승만 대통령이 1938년에 쓴 『한국교회 핍박』이라는 책에서는 다음과 같은 글이 있습니다.

"각국 교회에서 말하기를 하나님이 한국 백성을 이스라엘 백성같이 특별히 택하야 동양에 처음 예수교 나라를 만들어 가지고 아시아주에 예수교 문명을 발전시킬 책임을 맡기심이라."

• 대한민국의 국가적 소명은 무엇일까요?

• 남북 통일은 꼭 이루어져야 할까요? 통일의 장단점을 생각해 봅시다. 또한 통일 한국을 위해 우리는 무엇을 준비해야 할지 생각해 봅시다.

활동

생각 더하기+
....

"이 우주와 만물을 창조
하시고 인간의 역사를 섭
리하시는 하나님이시여
이 땅을 축복하셔서 감사
에 넘치는 오늘이 있게 하
심을 주님께 저희들은 성
심으로 감사하나이다…."
- 기도문 내용 중

• 제헌국회 속기록 제1호인 이윤영 의원의 기도문에서 감명 깊었던 부분을
  적어보고 소리내어 읽어 보기

• 북한을 위한 기도문 작성하기

● 대한민국이 자랑스러운 이유 3가지 써 보기

생각의 길을 찾는 세계관 매뉴얼

생각 나누기

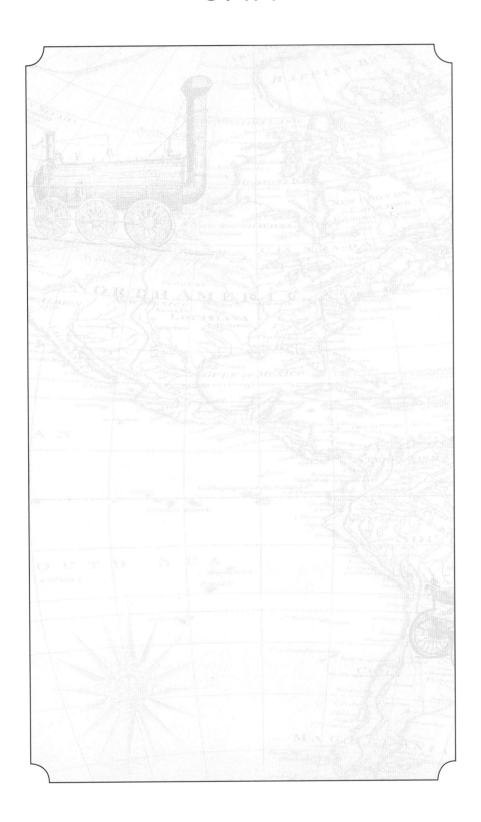

04
세계관이 학문에 미친 영향

___

지금까지 우리는 세상을 주도하고 있는 여섯가지 세계관의 내용과 특징을 배워보았습니다.

그러면 실제적으로 이러한 세계관이 학문의 영역에서 어떤 영향을 미쳤는지 구체적으로 살펴보도록 하겠습니다. 특히 대학에서 인문계열을 공부하는 사람들은 세계관의 영향을 미리 알고 대비하면 좋을 것 같습니다.

1. 신학, 철학, 윤리학

	신학	철학	윤리학
세속적 인본주의	무신론	유물론과 자연주의	도덕적 상대주의/ 실용주의
마르크스주의	무신론	변증법적 유물론	프롤레타리아 윤리
포스트모더니즘	불가지론/신학적 의심	비현실주의 (Anti-Realism)	문화적 상대주의
뉴에이지	범신론	영적 일원론	카르마
이슬람	일신론적 유신론	(영/육)이원론	신적 명령
기독교 세계관	삼위일체 유신론	(영/육)이원론	아가페적 사랑

인본주의

인본주의는 신학적으로는 초월적이고 영적인 신의 존재를 인정하지 않

는 무신론과 철학적으로는 '도덕적 상대주의'와 '상황윤리'를 해답으로 내
놓습니다.

이것은 모두 인간사회에 어떤 절대적인 도덕적 기준이 있는 것이 아니라
도덕의 주체와 상황에 따라 최선의 길을 선택하는 것을 지지하고, 이렇게
선택의 과정을 거친 모든 행위를 사회적으로 용인할 수 있는 올바른 행위
라고 한다는 것입니다.

매우 실용적인 생각입니다만 만약 나치의 '홀로코스트'에 대해 나치 전
범이 주장하기를 당시에는 그것이 옳은 행동인줄 알았다고 주장한다면 세
속적 인본주의자들은 어떤 논리로 이들을 부도덕하고 비윤리적이라고 비
판할 수 있을지 의문입니다.

마르크스주의

마르크스주의는 인본주의의 일종으로 신학적으로 '무신론'을 견지합니
다. 그들은 초자연적인 존재 또는 하나님이란 프롤레타리아를 억압하고 기
득권을 유지하기 위해 만들어 낸 허구라고 주장합니다. 마르크스의 말대로
"종교는 인민의 아편"이지요.

이런 신학을 가진 마르크스주의자들의 철학을 변증법적 유물론이라고
하는데요.

변증법적 유물론에서는 우리가 살고 있는 현실의 물질 세계는 '정-반-
합'의 변증법적인 발전을 이루어 나가고 있고 그 진화의 끝은 계급없는 평
등한 사회입니다.

마르크스주의자들의 이상은 노동자 계급인 프롤레타리아의 독재로 평등한 세상을 만드는 것이기 때문에 이러한 이상과 목적을 달성하기 위해 실행하는 모든 행위는 다 도덕적이고 윤리적인 것이라고 이름 붙입니다. 이것이 바로 '프롤레타리아 윤리'입니다.

이들은 프롤레타리아 혁명을 일으키기 위해 증오와 선동, 그리고 거짓을 일삼지만 이런 행동에 대해 양심의 가책을 느끼지 않습니다. 오히려 이 모든 악행들이 궁극적으로 공산주의 사회라는 유토피아를 건설하고자 하는 이상적인 목적을 위한 일이기에 도덕적이고 윤리적인 일이라고 믿습니다.

포스트모더니즘

포스트모더니즘에서 '초월적인 신'이란 존재는 사회적으로 구성된, 만들어진 이야기에 불과합니다.

이들은 종교다원주의를 신봉하면서 모든 종교적 신념은 동일한 가치를 지니며 신에 대해 어떤 태도를 견지하는가 하는 것은 진리의 문제라기 보다는 개인의 '기호' 또는 '선호'의 문제라고 말합니다.

또한 포스트모더니즘은 객관적이고 과학적 사실, 또는 진리와 같은 개념에 회의적이기 때문에 '너에게 진리인 것이 나에겐 진리가 아닐 수 있다'고 합니다. 인간에게는 그저 자신이 처한 작은 사회 내에서 그 사회의 문화가 옳다고 합의한 윤리적 기준에 순응하며 살 것이 요구됩니다.

뉴에이지

뉴에이지 세계관에서 '신'이란 우주를 구성하고 있는 비인격적인 영적

에너지를 말합니다.

우리 모두는 궁극적인 영적 실체의 일부이기 때문에 허상에 불과한 현실세계에서 벗어나 영적인 관계 속에 하나로 연합되는 것을 이상으로 합니다.

동양문화에는 '카르마(업/Karma)'라는 개념이 있어 자신의 선행이나 악행의 결과가 결국 자신에게 돌아온다고 믿고 이것을 윤리적 행위의 기초로 삼고 있습니다. 한편 서양의 뉴에이지 사상의 경우, 선과 악이 함께 공존한다고 생각합니다. 뉴에이지 세계관에서는 인간 내면의 모든 헛된 욕심과 무지를 벗어버리고 내면의 자유를 극대화하는 해탈의 경지에 이르도록 훈련하는 과정을 윤리적이라고 합니다.

이슬람

이슬람은 유일신 '알라'로부터 윤리와 도덕이 유래합니다. 그러므로 이슬람교의 경건인 꾸란과 무함마드 선지자의 행위를 기록한 '하디스(Hadis)'가 절대적인 도덕과 진리의 원천이라고 믿습니다.

이슬람은 신앙체계인 동시에 철학이며 윤리인 동시에 법입니다. 이들은 알라의 뜻과 선지자 무함마드의 삶의 모범을 따라 선행을 행하며 살면 최후의 심판에서 자신의 선행이 악행보다 많은 경우에는 천국으로 가고, 그 반대의 경우에는 지옥으로 간다고 믿습니다. 이런 합리적이고 단순한 윤리체계가 전세계적으로 수많은 사람들을 무슬림으로 만드는 계기가 된다고 합니다.

성경적 세계관

성경적 세계관에서는 성부, 성자, 성령의 삼위일체 하나님의 존재를 믿으며 있는 그대로의 객관적이고 현실적인 세상과 눈에 보이지 않은 비물질적이고 영적인 세계가 동시에 존재한다고 믿습니다. 기독교 철학자들은 이 세상이 창조되기 전 '로고스(Logos)' 즉 정신, 혹은 말씀이 있었다고 함으로써 물질보다 정신이 앞서고, 창조 이전에 이 창조에 대한 계획과 설계가 있었다고 믿습니다.

기독교의 도덕은 하나님 사랑과 이웃 사랑이라는 절대명령에 기초해 서 있으며 이러한 사랑을 우리는 '아가페(Agape)'라고 부릅니다.

자연계 내에서 중력의 법칙이 실제로 존재하며 누구나 경험을 통해 알 수 있듯이 하나님이 부여한 절대적인 도덕법칙 역시 실제로 존재하며 인간이라면 누구나(수준의 차이는 있을 수 있지만) 이러한 절대적인 도덕법칙을 알 수 있다고 생각합니다. 모든 사람이 양심을 가지고 있다는 사실이 그 증거가 될 것 같습니다.

따라서 인간은 하나님의 절대적이고 보편적인 윤리와 도덕의 원칙에 근거하여 행동할 때 그것을 올바르다고 판단하고, 이런 올바른 행위를 격려하는 사회가 윤리적인 사회이며 바람직한 사회라고 믿습니다.

2. 생물학

인본주의	진화론＝ 자연선택 + 적자생존
마르크스주의	진화론 + 계급의식의 진화

포스트모더니즘	진화론 or 불가지론
뉴에이지	영적 진화론 or 심리학적 진화론
이슬람	창조론(인간은 알라에게 복종하는 자로 창조됨)
성경적 세계관	창조론(인간은 하나님의 자녀로 창조됨)

생물학이란 영어로 바이올로지(Biology)라고 하는데 이때 바이오(Bio)라는 말이 곧 '라이프(Life)', '생명'을 의미합니다. 따라서 생물학은 생명에 대한 학문 즉, '생명의 기원과 본질'에 대해 연구하는 학문입니다.

인본주의

생명의 기원에 관한 한, 기독교와 이슬람을 제외한 모든 세계관은 다윈의 진화론에 기반하는 인본주의 세계관입니다.

진화론의 핵심 개념은 '자연선택(National Selection)'설입니다.

아무런 목적도 계획도 없는 상태에서 자연환경에 가장 잘 적응하고 생존하는 생명체만이 결국 살아남는다는 것입니다. 인본주의는 진화론적 세계관에 바탕을 두면서 인간과 다른 생명체는 본질상 아무런 차이가 없다고 믿습니다.

마르크스주의

마르크스주의는 다윈의 진화론에 영감을 받아 사람들은 생물학적으로 진화할 뿐 아니라 계급의식도 함께 진화한다는 이론을 만들어 냈습니다. 인간사회는 계급투쟁을 통해 자신들이 이상향으로 삼는 계급없는 차원 높은 사회로 진화해 나간다고 말입니다.

포스트모더니즘

포스트모더니즘 세계관에서는 '인간의 본질' 따위는 존재하지 않습니다. 그냥 사회적, 언어적으로 구성된, 만들어진 개념일 뿐이고 생물의 기원이라는 것도 결국 '거대 담론(Meta-Narrative)'이자 하나의 이야기'에 불과합니다. 그래서 이들은 생명의 기원을 찾는 따위의 문제를 해결하고자 하는 노력 자체를 포기해 버립니다.

뉴에이지 세계관

뉴에이지 세계관은 '영적 진화론(Spiritual Evolution)'을 주장합니다.

'영적 진화론'이란 인간이 생물학적인 변화를 초월하여 영적으로 고등한 상태에까지 이를 수 있는 심리학적 진화를 한다는 것입니다. 그리고 영적으로 고등한 상태란 인간이 우주의 궁극적 의식, 또는 에너지와 하나가 되는 상태를 말합니다.

이슬람

유일신 '알라'가 이 세상 모든 피조물을 창조했다고 믿습니다. 특히 인간은 자신의 의지를 드러 알라에게 복종해야 하는 존재로 창조되었습니다.

성경적 세계관

창조주 하나님께서 온 세상 만물을 창조하셨습니다. 특히 생물들은 각각 그 종류대로 창조하셨기 때문에 공통의 조상으로부터 종이 변하도록 진화했다는 진화론과는 완전히 대척점에 서 있습니다. 무엇보다도 인간은 하나님의 형상을 따라 하나님의 자녀로 창조되었기 때문에 영적인 존재라는 점에서 다른 생명체와는 본질적으로 다른 존재입니다.

생명의 기원에 대한 문제는 '사실'에 관한 것이 아니라 '믿음'의 문제입니다. 왜냐하면 어느 누구도 생명의 시작을 본 일도 없고, 과학으로 증명할 수도 없는 가설이기 때문입니다.

3. 심리학

인본주의	환경에 대한 자극과 반응, 뇌의 작용 또는 호르몬의 영향 조절을 위한 도구적 심리학
마르크스주의	선전 선동, 조작과 통제를 위한 도구적 심리학
포스트모더니즘	정신질환 치유를 위한 도구적 심리학
뉴에이지	자아 극복을 돕는 도구적 심리학
이슬람	심리학의 중요도가 떨어짐
성경적 세계관	정신건강을 돕기 위한 도구적 심리학 / 온전함을 위해서는 성령으로 거듭남 필요

심리학을 영어로 '사이콜로지(Psychology)'라고 합니다. 이 말의 어원인 그리스어 '사이키(Psyche)'라는 말은 '소울(Soul)' 즉 '영혼'을 의미합니다. 따라서 심리학은 '영혼에 대한 학문'이라고 할 수 있습니다.

심리학이라는 말 자체가 인간에게는 '비물질적이고 영적인 실체 혹은 현실'이 있다는 것을 전제로 한다는 것을 의미합니다. 또한 육체적으로 건강하다는 것이 인간으로서 온전히 건강하다는 것을 의미하지는 않는다는 사실을 우리 모두가 경험적으로 알고 있기도 합니다.

인본주의

인본주의는 인간의 비물질적인 측면에서 나타나는 여러가지 현상들을 두뇌의 활동, 호르몬의 충동, 환경의 자극에 대한 반응 등의 자연과학적 용어로 설명하고 있습니다.

예를 들면 스키너로 대표되는 행동주의(Behaviorism)에서는 모든 인간의 정신작용과 인격(Personality)은 환경의 자극에 대해 미리 결정된 방식으로 인간이 반응하는 것일 뿐이라고 생각했습니다. 특히 인지행동주의(Cognitive Behaviorism)는 촬영 기술의 발달로 어떤 자극에 대해 뇌의 어느 부분이 활성화되는지를 살펴봄으로써 인간의 모든 행동을 뇌의 기능과 연관시켜 설명하려고 했습니다.

또다른 예로 아브라함 매슬로의 '자아실현 혹은 욕구실현 단계' 모델이 있습니다. 매슬로는 하위단계의 물질적 욕구 즉 생물학적 욕구, 안전에 대한 욕구, 자아필요 충족에 대한 욕구 등이 만족되면 심리학적으로 가장 온전한 자아실현의 단계에 이르게 되어 인간이 가지고 있는 모든 문제를 해결할 수 있다고 주장했습니다.

인본주의 심리학은 인간을 기본적으로 선한 존재로 보고 적절한 자극을 통해 인간의 행동을 관리하는 것이 가능하다고 생각했습니다. 그럼에도 불구하고 나타나는 심리적 병리현상들은 정신적이거나 영적인 문제라기 보다는 생리적이거나 사회적인 환경의 문제 혹은 뇌의 작용에 의해 일어난다고 생각했습니다. 따라서 지금도 다양한 방법으로 과학적으로 설명가능하고 검증 가능한 방식으로 인간의 정신적인 문제를 해결하려고 지속적으로 노력하고 있습니다.

마르크스주의

마르크스주의는 심리학이라는 도구를 이용해 어떻게 혁명을 일으키고 완수할 수 있는가에 많은 관심을 두었습니다.

특히 마르크스주의자들은 진화론자이자 행동주의 심리학자였던 파블로프의 '무조건 반사' 이론을 적극 차용하여 인간이란 지속적인 교육과 훈련으로 자극을 준다면 얼마든지 '반사'라고 불리는 바람직한 행동을 유도해 낼 수 있는 조작과 통제가 가능한 존재라고 생각했습니다.

여기에 덧붙여 언어와 사상의 변증법적 발전을 통해 인민이 원하는 사회에 대한 욕구를 발전시킬 수 있다고 생각했는데 이것이 바로 '자유의지'의 형성과정이라고 생각했습니다. 이로써 마르크스주의는 인간을 오직 조작 가능한 대상으로만 보는 행동주의의 한계를 극복하고 혁명을 조직하고 발전시켜 나갈 수 있는 존재이기도 하다라고 주장할 수 있는 이론적 근거를 마련할 수 있었습니다.

포스트모더니즘

포스트모더니즘에서는 인간의 정체성이 어떤 한가지로 규정지어질 수 없는 것이라고 생각합니다. 자아정체성이 자신의 느낌에 따라 늘 유동적이고 변하다 보니 정상과 비정상 간의 경계가 없어지고, 개인의 행동에 대한 책임 소재가 불분명해져서 사회 전체가 혼란스럽게 되어 버릴 수 밖에 없습니다.

오늘날 절대적인 규범 하에서 죄라고 여겨지던 것을 '죄'라고 하지 않고 '질병'이라고 하면서 '처벌' 대신 '치유'를 주장하는 목소리들이 강해지고 있는데 이것은 개인의 책임보다는 사회구조를 탓하는 포스트모더니즘 심리학의 관점을 대변하는 것입니다.

뉴에이지

뉴에이지 세계관에서는 '자아'를 부인하고 오히려 개인적이고 이기적인 '자아'에서 벗어나는 것이야말로 인간이 가진 심리학적인 문제들을 해결하는 궁극적인 방식이라고 주장합니다.

이들은 명상이나 자기 극복 훈련을 통해서 인간 안에 있는 신적 본성에 집중하고 더 높은 차원인 의식의 영역으로 접속해서 들어가는 것이야 말로 인간의 심리학적 문제의 궁극적인 해결책이라고 보고 있습니다.

이슬람

이슬람은 인간의 내면보다는 외적인 형식을 중요시합니다. 이는 내면의 상태가 어떠하든지 상관없이 종교적인 형식을 잘 갖추면 구원받을 수 있다고 생각하기 때문입니다.

따라서 인간의 내적인 문제에 집중하는 심리학을 크게 중요하지 않게 여깁니다.

성경적 세계관

성경적 세계관에서는 인간이 영, 혼, 육으로 구성되어 있는 존재이기에 혼적(정신적)으로 문제가 있을 수 있다는 것을 인정하고 치료해야 한다고 생각합니다. 그러나 인간의 내면에 문제가 생겼을 때 궁극적인 해결책은 단순히 심리적, 정신적 치료에만 그치는 것이 아니라 '하나님과의 관계가 회복'되어야 한다고 주장합니다. 하나님께서 주신 물리적, 정신적, 영적인 법칙과 질서로 되돌아 가서 하나님과의 관계를 회복하는 것이야말로 진정한 인간성을 회복하는 길이라고 믿기 때문입니다.

이러한 과정을 통해서 인생의 진정한 목표를 다시 회복할 때야 비로소 단순히 대증적 치료요법이 아니라 근원적이고 온전한 치료와 회복이 이루어진다고 믿으며 한 개인이 이러한 선택을 할 때 사회 전체가 변화될 것을 굳게 믿고 있습니다.

4. 사회학

인본주의	사회적 결정론 / 제도와 규칙으로 부터 해방
마르크스주의	프롤레타리아 계급 독재 사회 / 전통적 사회구조 해체
포스트모더니즘	언어로 구성되는 사회(구조주의)
뉴에이지	개인의 내적진실 추구를 격려하는 사회
이슬람	가족, 종교, 국가가 하나로 통합된 사회
성경적 세계관	가족으로부터 확장된 사회 / 하나님의 질서와 통치 하에 있는 각 영역

심리학이 개인의 내면적인 문제를 연구하는 학문이라면 사회학은 이러한 개인이 모인 전체, 즉 집단에 대해 연구하고 어떻게 하면 이 사회가 행복하고 건강하게 유지될 수 있을지에 대해 연구하는 학문입니다.

인본주의

인본주의는 사회가 형성되는 과정을 '사회적 결정론(Social Determinism)'이라는 관점에서 설명합니다. 즉 우리의 행동은 결국 사회적 조건이나 제도의 산물이라는 것입니다.

이들은 인간을 사회 제도나 규칙으로부터 해방시키는 것이 진화에 도움이 될 것이라고 생각합니다. 그래서 인류 역사가 시작된 이래 가장 기본적인 사회구조로 인정받고 있는 결혼과 가족이 인간에게 씌워진 가장 억압적인 굴레라고 생각합니다. 이러한 굴레를 벗어던짐으로써 더 행복하고 바람직한 사회를 만들 수 있기 때문에 성적인 해방, 다양한 가족 등의 개념을 현대사회 속에 끌어 들이고 있습니다.

마르크스주의

마르크스주의에서 좋은 사회란 프롤레타리아의 계급 독재가 이루어지는 사회입니다. 마르크스주의는 프롤레타리아 계급 독재사회를 만들기 위한 혁명에 방해가 되는 기존의 사회체제를 해체시키려고 하는데 이러한 구체제의 핵심이 바로 기독교와 가족이었습니다.

1929년 4월 8일, 구소련에서는 예배시간 이외에는 어떠한 종교적인 회합도 금지하는 법을 만들어서 본격적으로 교회와의 전쟁을 선포하였습니다. 또한 사유재산제도의 핵심요소인 전통적인 결혼과 가족제도를 해체시키고 아이들을 집단 보육시설에서 양육하는 정책을 채택했습니다. 가족이 있으면 그 가족을 위해 사유재산을 소유하고 싶어하는 것이 인간의 본성이기에 이러한 욕구가 생길 수 있는 원인을 제거해 버리고자 한 것이었습니다. 그러나 이러한 레닌의 정책은 소련 사회에서 성적인 문란과 성병의 만연과 같은 사회문제를 낳았고, 결국 스탈린은 다시 전통적인 가족을 중시하는 정책으로 되돌아섰습니다.

포스트모더니즘

포스트모더니즘은 '사회 구조주의(Social Constructionism)'이라는 개념을 발전시켰습니다. 인간사회는 그 자체로서 어떤 본질을 지니는 것이 아니라 언어와 주관적인 경험에 의해 형성된다는 것입니다.

포스트모더니즘에서는 어떤 종교를 믿거나 말거나 하는 것은 개인의 자유지만 종교가 어떤 사회를 구성해야 하는가에 대한 기준을 결정해 주는 것에는 반대합니다. 종교적인 신념이 사회의 공적인 영역에서 목소리를 내는 것에 거부감을 느낀다는 것입니다.

이들은 절대적인 진리, 배타적인 진리를 말하는 사람들을 사회에서 배제시켜야 사회구성원들이 평화롭게 공존할 수 있다고 생각합니다.

뉴에이지

뉴에이지는 모든 사회 제도는 일종의 제약을 의미하고 있기 때문에 시대착오적이며 개인과 집단의 성장에 방해가 되는 것으로 봅니다. 이들은 모든 사회구조가 개인의 내적 진실을 추구하는 것을 격려하는 방식으로 구성되어야 한다고 주장합니다.

뉴에이지 세계관에 따르면 현대사회가 가지고 있는 전통적인 가치들은 인간의 진보를 방해하는 것이기 때문에 이러한 한계를 뛰어넘어야만 자아 속에 있는 신적인 본성을 깨닫고 사회를 진정으로 변화시킬 수 있는 힘을 얻게 된다고 믿습니다.

이슬람

이슬람에서는 가족, 종교, 그리고 국가라는 제도간에 구별이 존재하지 않습니다. 이슬람은 정치, 사회, 종교가 통합된 믿음 체계입니다.

이슬람 사회는 가부장을 중심으로 하는 남성위주의 사회를 이상으로 하고 있기 때문에 여성의 인권이 매우 후진적입니다.

성경적 세계관

성경적 세계관에서는 가족을 중심으로 그리고 가족으로부터 각각의 다른 사회제도가 자연적으로 형성될 때 사회가 가장 잘 기능한다고 믿습니다.

성경의 창세기에는 태초에 하나님께서 천지를 창조하실 때 한 남자와 한 여자가 한 몸이 되어 자녀들을 낳고 기르는 결혼이라는 제도도 함께 만드셨다고 설명합니다. 따라서 이러한 결혼제도 밖에서 일어나는 다른 모든 성관계는 창조질서를 위반하는 죄이며 결과적으로 사회를 붕괴시키는 원인이 되고 만다고 믿습니다.

또한 가족, 교회, 그리고 국가라는 사회제도에는 각각의 고유한 영역이 존재하며 이러한 영역들은 모두 하나님의 주권 하에 있으므로 하나님이 세우신 질서에 따라 각각의 역할을 책임감 있게 담당하면서 균형있게 발전할 때 평화와 번영을 이루는 사회가 된다고 믿습니다.

5. 법학

인본주의	법 실증주의 / 법도 인간의 창조물이며 진화한다.
마르크스주의	기득권 유지를 위한 부르주아의 법 / 공산주의에서는 폐지
포스트모더니즘	정치적으로 올바르고 선호되는 규칙
뉴에이지	무관심
이슬람	신의 법인 샤리아법으로 삶의 전 영역을 통치
성경적 세계관	자연법 + 성경말씀인 특별계시 / 법치주의

법이란 인간사회의 "질서"와 "정의"를 구현하기 위한 도구입니다.

여기에서 두 가지 개념이 나타나는데 "질서"에 관련해서는 어떤 행위가 '합법적(Legal)인가' 혹은 '그렇지 않은가' 하는 개념이 나타나고, "정의"와 관련해서는 어떤 행동이 '도덕적인가' 혹은 '비도덕적이거나 부도덕한 행위인가' 하는 개념이 나타납니다. 그리고 이 두 가지 개념이 별도의 것으로 다루어지고 있는지 아니면 서로 연관성이 있는 것으로 다루어지고 있는지에 따라 법에 대한 다른 접근방식을 취합니다.

법을 단순히 인간이 만들어 낸 규칙으로써 법과 도덕 사이에는 본질적이거나 혹은 필요 불가결한 관련성이 별로 없다는 생각을 '법 실증주의(Legal Positivism)'라고 합니다. 그와는 반대로 법이 인류가 가진 내적인 도덕성 또는 양심에 기반한 규칙이라고 생각하는 것을 '자연법(Natural Law)' 사상이라고 합니다. 자연법 사상은 하나님의 절대 도덕률을 믿는 성경적 세계관에서 나왔습니다.

인본주의

인본주의자들은 법이란 인간의 진화의 단계에 맞추어 인간에 의해 적절하게 창조되는 것으로써 인간이 더 고등한 생물로 진화하면 더 나은 법을 만들 수 있게 된다고 생각합니다. 또한 법이 도덕과 관련성이 있어야 한다고 생각지 않습니다. 오히려 법이란 힘이 있는 자가 옳다고 생각하는 바, 혹은 사회 질서 유지를 위해 필요하다고 생각하는 바로 그 규칙에 불과합니다. 그렇기 때문에 상황이 바뀌면 법도 바뀔 수 있는 것입니다.

따라서 이런 인본주의적인 법에 대한 관점을 가지게 되면 법과 도덕이 분리되어 공리와 효율만을 따지게 되는 무서운 상황이 올 수도 있을 것 같습니다.

마르크스주의

마르크스주의는 법이란 부르주아 계급이 자신들의 기득권을 유지하기 위해 만들어 놓은 규범이라고 생각하며 이러한 규범은 혁명을 통해 완전히 뒤집어 엎어버려야 한다고 생각했습니다.

이들은 프롤레타리아 계급혁명에 성공하면 프롤레타리아의 법, 즉 노동자 계급의 법이 생겨나는데 현실적으로 노동자 한 사람, 한 사람이 어떤 문제에 대한 법적인 판단을 내릴 수 없기 때문에 그들을 대표하는 공산당이 법을 만들고 그 법에 따라 결정을 대신 내린다고 말합니다. 그리고 궁극적으로는 국가가 해체되고 완전한 공산주의 사회가 되면 법조차도 필요없게 될 것이라고 예측합니다.

마르크스주의자들에게 있어서 법이란 혁명을 통해 유토피아로 가는 단계에서 갈등을 잠재우고 사회 질서를 유지하기 위해 임시적으로 필요한 도구일 뿐입니다.

포스트모더니즘

포스트모더니즘에서는 보편적인 법적 판단 기준 같은 것은 없는 것이 당연하고 오직 정치적 관계에 따라, 그리고 그러한 정치적인 관계 속에 있는 사람들의 관점과 상황에 따라 선호되는 규칙이 있을 뿐이라고 생각합니다. 그래서 도덕적으로 올바른가가 아니라 정치적으로 올바른가를 묻는 '정치적 올바름(Political Correctness)'이라는 것이 중요해지는 것입니다.

또한 이들은 '비판적 법학연구(Critical Legal Studies)'라는 것을 통해 법을 해체하여 그 속에 숨어있는 주관적인 의미와 왜곡된 의도를 파악하고 해석하는데 주력하려고 합니다. 이런 사람들이 법을 통해 얻고자 하는 '정의(Justice)'는 다양한 형태의 숨겨진 억압의 형태를 찾아내는데 있습니다. 이들은 보편적이고 객관적인 정의가 아닌 여성, 흑인, 성소수자 등 소위 사회적 희생자, 또는 억압받는 사람들의 정의를 발견하는데서 의미를 느끼는 것 같습니다.

뉴에이지

뉴에이지에서는 '법'에 대해 별다른 관심을 보이지 않습니다.

이들의 주된 관심사는 인간의 내면적인 진화 발전을 통해 신적인 본성에 다다르는 것이기 때문에 법과 같이 사회 전체에 관련된 문제보다는 개인에게 관심을 집중합니다.

이슬람

이슬람은 국가와 종교가 구별되지 않는 총체적인 삶의 형태를 말합니다. 따라서 이슬람 국가의 통치 하에서 무슬림들을 규율하기 위해 법이 매우 정교하게 발달하였습니다.

이슬람의 법을 '샤리아법(Shariah)'이라고 하는데 무슬림들은 샤리아법이 신적인 계시에 근거한 절대적인 법이라고 믿고 절대적으로 복종합니다.

샤리아법의 근원에는 경전인 꾸란(Quran)과 선지자 무함마드의 언행을 기록한 순나(Sunnah), 그리고 이슬람 공동체의 합의인 이즈마(Ijma)와 논리적 유추를 통해 판단하는 퀴야스(Qiyas) 등 4가지가 있다고 합니다. 샤리아법은 전세계 무슬림들의 삶을 규정하는 도덕적, 법적 코드로서 식습관부터 계약, 그리고 민형사상 처벌에 이르기까지 삶의 모든 부분을 관장하고 있습니다.

샤리아법은 개인의 자유를 억압하는 전체주의적인 성격이 강할 뿐 아니라 현대적인 인권의식, 특히 여성 인권의 측면에서 볼 때 너무 가혹하다는 비판을 받고 있습니다. 특히 무슬림 인구의 증가에 따라 샤리아 법의 적용지역이 확산되면서 세속법과 갈등을 빚게 되는 경우도 점점 더 많아지고 있습니다. 이에 따라 유럽과 같이 무슬림 이민자들이 많이 정착한 나라에서 무슬림들의 사법적 관할권이 어디에 있는가 하는 점이 새로운 사회문제가 되고 있다고 합니다.

성경적 세계관

성경적 세계관에서는 창조주 하나님이 이 세상을 창조하면서 중력과 같은 물리적인 법칙을 부여했듯이 인간의 내면에 도덕적인 법칙을 심어 놓았는데 이것이 바로 자연법이라고 생각합니다. 따라서 기독교 세계관에서 법의 근원은 인간이라면 누구나 느낄 수 있는 보편적인 도덕감각에 기반한 자연법 또는 양심의 법과 성경을 통해 말씀으로 직접 지시하신 특별법으로 구성되어 있다고 생각합니다.

인간은 하나님의 형상으로 지음을 받았고, 하나님 앞에 책임을 져야 하는 존재입니다. 그러나 인간의 타락에서 기인하는 죄성 때문에 하나님 앞에 죄를 짓지 않을 가능성이나 능력이 없습니다. 그래서 인간사회의 질서와 정의를 구현하기 위한 가장 현실적인 시스템이 필요했는데 그것이 바로 법이었습니다. 그리고 이러한 법을 만들고, 집행하고, 판단하는 부분들을 각각 분리하여 서로 균형과 견제를 하게 함으로써 인간의 죄성으로 인해 부패할 수 있는 가능성을 최소화하고자 했던 것입니다. 이것이 입법, 사법, 행정권의 삼권분립의 원칙이었습니다.

오늘날 대부분의 서구 선진국들과 우리나라와 같은 자유민주주의 국가의 기본 통치원리인 법치주의는 바로 이러한 성경적 세계관에 따라 형성된 것입니다.

성경은 많은 율법을 말하고 있지만 그 율법만으로 인간이 도덕적으로나 사회적으로 온전한 인격체로 변화할 수 없다는 사실을 명백하게 밝히고 있습니다. 그래서 예수 그리스도께서 직접 인간의 죄를 책임져주시고, 우리에게 법을 초월하는 '사랑'에 대해 말씀해주셨습니다.

6. 정치학

인본주의	낙관적인 정치적 진보주의(분배적 정의 또는 극단적 자유주의)
마르크스주의	공산주의(경제적 생산을 조절하기 위한 국가 통제주의)
포스트모더니즘	정치적 비관주의 / 정체성 정치학(Identity Politics)
뉴에이지	무관심
이슬람	이슬람 신정국가주의
성경적 세계관	권력분립 / 정치적 참여주의(청지기 정신)

정치학의 주제는 '권력'입니다.

한 국가에서 누가 법을 만들 권력을 가지고 있는가(의회인가? 혹은 왕인가?), 누가 법을 만들 권력을 가질 사람들을 선택할 것인가(국민인가? 혹은 군주인가?), 그리고 어떻게 주어진 권력을 공동체에게 가장 이롭고 정의로운 방식으로 사용할 수 있을 것인가(어떤 정치체제를 선택할 것인가?)와 같은 주제들이 바로 정치학에서 관심을 가지는 문제들이며 이러한 문제들은 권력이 현실의 통치 시스템에서 행사되면서 구체화됩니다.

법과 도덕이 따로 떨어질 수 없듯이, 정치 혹은 통치와 법, 그리고 그러한 정치에 정당성을 부여해주는 명분이나 가치가 서로 별개일 수 없습니다.

인본주의

인본주의 정치학은 스펙트럼이 다양하지만 간단히 줄여서 '정치적 진보주의'라는 말로 표현될 수 있을 것 같습니다. 말 그대로 이들은 정치 체제가 사람들에게는 더 많은 자유를 주고 경제적, 사회적 번영과 진보에 도움이 되는 방식으로 작동되어야 한다고 믿습니다.

인류는 지속적으로 더 고등한 방향으로 진화하고 있기 때문에 이성적이고 합리적인 사회적 합의에 이를 수 있는 능력과 스스로의 생존에 가장 적절한 시스템을 채택할 수 있는 능력이 있다고 믿습니다. 또한 인간의 죄성을 거부하기 때문에 인간의 선의에 의지하여 궁극적으로는 전세계 모든 사람들이 서로 협력하는 글로벌 세계 정부도 만들 수 있을 거라고 믿습니다.

'정치적 진보주의'에 중에 상당한 인기를 누리고 있는 이론이 바로 '분배적 정의(Distributive Justice)'와 '자유주의(Libertarianism)'입니다. 이 두가지 생각은 완전히 상반된 방향으로 나아갑니다.

먼저 '분배적 정의'란 시민들이 가지고 있는 사회적인 자원을 모든 사람들에게 평등하게 다시 재분배해야 정의로운 사회가 된다라는 이론으로 하버드 출신의 철학자 존 라울(John Rawls)이 주장했고 버락 오마바 전 미국 대통령이 따랐던 생각(Rawlsian)이라고 합니다.

그러나 노벨 경제학상 수상자였던 밀턴 프리드만은 평등을 얻기 위해 강제력을 사용하는 것은 자유를 파괴하는 결과를 초래할 뿐 아니라, 최초의 선한 의도에도 불구하고 종국에는 자기들의 이익을 위해 그러한 힘을 사용하고자 하는 사람들에 의해 악용된다며 이 이론을 강력히 비판을 하였습니다.

두번째로 '자유주의'는 '분배적 정의'와는 반대로 완전한 개인적 자유를 최고의 가치로 여깁니다. 이들 자유주의자들은 다른 사람의 권리를 침해하지 않는 선에서 사람들이 원하는 것은 무엇이든 할 수 있게 해 주는 국가가 가장 정의로운 국가라고 생각합니다. 그래서 급진적 개인주의와 무제한적인 자기 이익의 실현을 주장하기도 합니다. 이러한 생각 역시 지나치다며 많은 반대에 부딪히고 있습니다.

이 두 가지 이론 모두 사람들이 적절히 자신의 욕망을 통제할 수 있고, 타인의 이익을 침해하지 않을 것이라는 생각 즉 '사람들이 선한 존재'라는 것을 가정하고 있습니다만 과연 그런가 고민해 보지 않을 수 없습니다.

마르크스주의

마르크스주의에서 정치권력이란 생산을 조절하는 도구입니다. 이들은 세상을 가진 자와 가지지 못한 자, 중심인과 주변인으로 나누고 모든 도덕적, 법적, 정치적 상부구조의 토대는 바로 경제구조이며 근대 국가는 부르주아 계급이 프롤레타리아 계급을 효과적으로 착취하기 위해 만든 제도, 즉 자본주의의 기계라고 주장합니다.

따라서 마르크스주의가 가장 이상적이고 정의롭다고 생각하는 정치 시스템은 공산주의 국가인데 공산주의 국가의 완성단계까지 나아가기 위해 먼저 '국가통제주의(Statism)'를 실시해야 한다고 주장합니다.

'국가통제주의'는 국가를 사적인 영역, 즉 개인으로부터 생산수단을 빼앗아오기 위한 도구로 사용하며 매우 고도로 중앙집권화된 정부 시스템이 경제를 통제하고 계획경제를 실시하는 것을 말합니다.

포스트모더니즘

포스트모더니즘은 어떠한 객관적 현실적 기준도 없기 때문에 '정의로운 정치시스템은 무엇이다.' 라고 정의할 수 있다는 자체를 거부합니다. 이것은 '정치적 비관주의(Political Pessimism)'라고 말할 수 있습니다.

그저 현상 자체를 비판적으로 분석하는 '비판이론(Critical Theory)'을 들이대며 문제가 무엇인지를 찾아내는 재빠르지만, 해결책은 제시해주지 못하고 있는 것입니다.

이런 가운데 포스트모더니스트들이 주장하는 중요 정치 이론 중 하나가 '정체성 정치학(Identity Politics)'라는 것입니다. 이들은 사회 구성원의 정체성에 따라 이늘 중 억압받는 소수가 누구인가를 규정하는데 관심을 가집니다. 그리고 과거에 억압을 받았던 소수 집단에게 정치적 권력이 옮겨가는 것이 정의롭다고 생각하는 것입니다. 과거에는 여성, 흑인 등이 억압당하는 소수였다면 오늘날에는 성소수자나 무슬림 이민자들이 주로 그 대상이 되어 이들의 목소리에 힘을 실어주는 것입니다.

따라서 소수이며, 억압을 받았다고 여겨지는 집단에 대해서는 그들의 생각이나 행동에 대해 비판을 할 수 없습니다. 왜냐하면 이들은 정체성 자체가 '올바른' 사람들이고 다수 집단에 속하고 전통적으로 억압하는 사람의 집단에 속한 사람들은 '정체성' 자체가 '악한' 존재이기 때문입니다.

지금 세계 각국에서 '차별금지법' 또는 '평등법'을 만들어 다수를 차지하고 있는 대부분의 보통 사람들을 역차별하거나 심지어 처벌하려고 하는데 그 근거가 바로 이러한 생각 때문입니다.

뉴에이지

뉴에이지는 정치나 권력에 별 관심이 없습니다.

이들은 개인의 변화가 정치적 변화를 가져오고 궁극적으로 전지구적인 변화를 가져온다고 보며 새로운 세계질서로 진화된 유토피아도 올 수 있다고 믿습니다.

따라서 집단, 전체, 사회를 누가 어떻게 이끌어가고 있는가, 또는 누가 이끌어 가야하는 가에 대해서는 별다른 의견이 없습니다.

이슬람

이슬람은 이슬람 율법인 샤리아법에 따라 이슬람 국가를 다스리는 것을 가장 이상적이고 정의로운 정치 시스템이라고 믿습니다. 매우 극단적인 수준의 이슬람 신정국가주의를 신봉하고 있으며 이러한 정치체제를 전 세계적으로 확산시키는 것을 목표로 하고 있습니다.

이를 위해 어떤 이들은 '지하드(성전)'를 서슴지 않습니다. 이슬람 세계관에서는 말하는 평화란 전 세계 모든 사람들이 이슬람을 믿고 그 법에 복종하고 난 이후 경험되어 지는 상태를 말합니다. 이러한 평화의 상태에 이르기 위한 복종을 이끌어내기 위해 테러를 자행하기도 합니다.

성경적 세계관

성경은 국가를 사회의 질서와 정의, 그리고 안전을 보장하기 위해 하나님께서 세우신 제도라고 생각합니다. 그러나 많은 그리스도인들이 '성(聖)과 속(俗)', '천국'과 '지상의 왕국'을 구분하면서 그리스도인들이 세속정치에 적극적으로 관여하여 것에 대하여 부정적으로 반응하는 경향이 있습니다. 그러나 성경을 잘 살펴보면 그리스도인들이 세상의 정치 시스템에 반드시 관여해야만 하는 이유를 찾아 볼 수 있습니다.

먼저 성경은 죄인인 인간이 스스로를 자율적으로 통제히기가 힘들기 때문에 정부 또는 국가가 필요하다고 합니다. 그러나 정부 역시 죄인인 인간이 운영하는 체제이기 때문에 전적으로 믿을 수는 없습니다. 그래서 견제와 균형이 이루어지는 정치 시스템, 권력의 남용을 막을 수 있는 정치 시스템이 필요한 것이고 이런 정치 시스템을 가진 국가가 제대로 운영되기 위해서는 성경적 세계관을 갖고 있는 사람들의 정치 참여가 매우 중요합니다.

국가는 하나님의 도덕법칙과 명령에 따라 운영되어야 하며 국가의 운영을 책임지는 정치 지도자들은 사람에게뿐만 아니라 그들에게 이러한 소임을 맡겨 주신 하나님 앞에 책임을 지고 청지기로서의 사명을 다 해야 한다고 믿습니다.

또한 국가는 하나님께서 정하신 영역을 넘어서서 개인의 천부인권이나 종교의 자유를 침해해서는 안된다고 생각합니다. 가족, 교회, 국가 등 사회 제도는 각각의 영역이 있고, 감당해야 하는 사명이 다르기 때문에 맡겨진 사명에 충실해야 한다는 것입니다.

예를 들어 국가가 과도히 자녀에 대한 부모의 권리를 침해한다거나 교회의 독립적인 존립에 위해를 가하는 일을 하면서 하나님께서 주신 권한의 범위를 벗어나는 일을 저질렀을 때 국민은 이에 저항할 수 있는 의무와 권리를 가집니다. 이러한 국민의 저항권에는 투표를 통해 심판하는 방법, 청원을 하거나 직접 정치적인 영향력을 미칠 수 있는 인물이 되거나 하는 등 하나님의 법이 허용하는 범위 내에서 최선의 노력을 다하는 것이 모두 포함될 수 있습니다.

예수님 당시 주 활동무대는 유대인의 회당이었습니다.

유대인의 회당은 단순히 예배를 드리고 설교를 듣는 곳이 아니라 학교이자, 법정이며, 정치적 회합과 사회적 모임의 장소였으며 공동체 활동의 중심지의 역할을 했다고 합니다. 또한 예수님 당시 유대사회는 정치와 종교를 따로 분리해 내기가 매우 어려운 사회였습니다.

이런 역사적인 배경을 살펴볼 때 예수님께서 직접적으로 정치에 대해 말씀하신 것이 없다 하셨을지라도 그리스도인의 삶에서 정치의 영역을 분리해야 한다거나 정치에 대해서 무관심해야 한다고 말할 수는 없습니다.

7. 경제학

인본주의	국가의 경제 개입주의 또는 극단적 자유주의
마르크스주의	공산주의(유토피아 경제체제)
포스트모더니즘	복지국가 자본주의 또는 경제적 실험주의
뉴에이지	우주적으로 계몽된 생산과 부
이슬람	샤리아 경제
성경적 세계관	청지기 경제

경제학, '이코노믹스(Economics)'라는 단어의 그리스 어원은 '오이코노모스(Oikonomos)'라고 합니다. 그 의미는 '집안 살림을 하는 기술(Art of Running a Household)'입니다. 사실 집안 살림살이나 국가 살림살이같이 주어진 제한된 자원을 효율적으로 사용하고 분배하여 전체적으로 잘 살게 하는 방법에는 크게 차이가 나지 않는 것 같습니다.

한 나라의 경제가 발전하기 위해서는 다음과 같은 선행조건이 필요합니다.

첫째, 법치주의가 확립되어 예측 가능하고 안정적인 사회가 되어야 합니다.

둘째, 정부가 법에 따라 자유로운 시장질서를 유지하는 역할을 해야 합니다.

셋째, 사람들에게 자신의 생각을 펼칠 수 있는 자유가 주어져야 합니다. 현대사회에서는 경제적인 자원이란 단지 물질적인 것에만 국한되지 않기 때문에 아이디어, 발명, 지식, 기업가 정신 등 사람들의 지적인 자원들이 잘 활용되고 발휘될 수 있도록 자유가 보장되어야 합니다.

넷째, 지속가능성을 염두에 두어야 합니다. 현 세대는 미래 세대를 위해 자원을 보존해야 할 도덕적 책무가 있습니다. 이러한 책임의식을 가지고 긴 안목으로 경제를 바라보아야 한다는 합의가 사회 구성원들 사이에 이루어져야 합니다.

인본주의

인본주의자들은 인간이 선한 방향으로 진화한다고 믿기 때문에 현재와 같이 거대 자본 혹은 기업이 경제를 독점적으로 조종하는 자본주의 시스템보다는 모든 사람들이 공동의 비전을 갖고 함께 나누며 살아가는 사회적으로 통제되는 경제체제가 더욱 선하고, 민주적이며, 더 진화된 형태라고 생각합니다. 그래서 완전한 사유재산 철폐까지는 아니더라도 정부가 시장경제의 폐혜를 막기 위해 적극적으로 개입해야 한다고 주장하였습니다.

인본주의자들 중에는 '자유주의자(Libertarians)' 계열도 있습니다. 이들은 완전한 개인의 자유가 보장되었을 때에 가장 이상적인 경제체제가 이루어진다고 믿기 때문에 정부는 정말 필요한 일이 아니면 간섭하지 말라고 말합니다.

이 두 가지 계열이 정반대인 것 같지만 인간이 스스로 통제 가능하다고 믿는 자유주의자나 인간이 스스로 통제하는데까지 진화할 때까지는 인간보다 나은 국가가 간섭해야 한다고 믿는 경제적 개입주의자나 모두 인간의 '선의'와 '능력'를 믿는 점에서는 같다고 할 수 있을 것입니다.

마르크스주의

마르크스주의는 자본주의 경제체제를 자본가인 부르주아가 노동자인 프롤레타리아를 착취하는 본질적으로 악한 경제체제라고 생각했습니다. 따라서 자본주의 경제시스템은 궁극적으로 붕괴되고 능력만큼 일하고 필요한 만큼 나누어 가지는 유토피아 경제체제를 꿈꾸었습니다.

그러나 마르크스주의는 인간의 창의성, 아이디어, 호기심, 그리고 경제 생산에 대한 동기 등 정신적인 측면을 완전히 도외시하였기 때문에 결국 실패했을 뿐 아니라 수많은 사람들을 도탄에 빠뜨리게 되었습니다.

포스트모더니즘

포스트모더니즘은 어떤 기준이나 방향성을 가지는 것을 금기시 하기 때문에 어떤 경제체제가 좋다고 하는 당위적인 말을 할 수가 없습니다.

포스트모더니스트들 중에는 마르크스주의의 경제적 실패를 비판하면서 더욱 자유주의적인 방향으로 나가야 한다고 주장하는 쪽도 있고, '복지국가 자본주의(Welfare-State Capitalism)'를 주장하면서 국가의 경제적 개입을 더욱 중요시하는 쪽도 있습니다.

이들은 어차피 정해진 것이 없으니 계속 새로운 경제 아이디어를 사회 가운데 실험해보면서 어떤 것이 더 나은지 찾아가 보는 것이 좋겠다는 입장을 취하고 있을 따름입니다.

뉴에이지

뉴에이지는 경제문제를 영적인 문제로 인식하면서 인간이 가지는 탐욕, 시기, 질투 등의 현상은 인간에게 더 많은 사랑이 필요함을 보여주는 증상이라고 설명합니다.

뉴에이지는 우리 자신이 스스로를 신뢰하면서 내적인 인도를 따라갈 때

우주가 우리에게 원하는 것을 보상해 줄 것이라고 말하는데 이것을 '우주적으로 계몽된 생산(Universal Enlightened Production)'이라고 부릅니다. 이것은 한 개인의 경제적 성공은 각자의 계몽의 단계와 직접적인 관련이 있다는 것입니다. 그래서 더 많이 계몽되어 더 긍정적인 생각을 하게 되면 더 많은 부가 창조된다고 믿습니다.

그렇기 때문에 실제 삶에서 작동하는 경제학을 공부할 필요가 없습니다. 사람들이 더 고양된 의식에 다다르면 더 현명한 경제적인 선택을 할 수 있게 될 것이고 그러면 자연히 물질적인 성공을 얻고 가난의 문제가 해결될 것이기 때문입니다.

이슬람

이슬람의 경제학을 샤리아 경제학이라고도 말합니다.

이슬람 경제학의 근본 원리는 모든 무슬림들이 이슬람 국가 또는 무슬림 공동체 속에서 연합해야 하며 사람들 간에 부의 균형이 이루어져야 한다는 것입니다.

이슬람은 개인의 자유의지를 인정하기 때문에 사유재산을 인정하며 알라와 다른 사람들 앞에서 자신의 행동에 책임을 져야 합니다. 그러므로 다른 사람을 억압해서 부를 축적하는 것이 금지되어 있고 부자들은 불우한 이웃을 도와야 합니다.

이슬람에는 자카트(Zakat)라고 하는 수입의 약 2.5%정도를 가난한 자들을 위해 기부해야 할 의무가 있고, 무슬림간의 고리대금을 금지하고 있습니다. 현대 금융시장에서는 자본을 굴려서 이자 수익을 올리는 것이 일반적인 비지니스 모델의 하나이기 때문에 이슬람에서는 이자 대신 이익과 손해를 나누는 방식의 금융 모델(PLS: Profit-Loss Sharing)을 개발해 내기도 했다고 합니다.

성경적 세계관

성경은 세상의 모든 것이 창조주 하나님의 소유이고, 우리는 단지 그것을 잠시 맡아서 충실히 관리하는 청지기에 불과하다고 말합니다. 그러므로 충성된 관리인으로서의 사명을 다해야 합니다.

십계명은 다른 사람의 것을 탐하지도 말고, 훔치지도 말라고 하면서 개인의 재산권을 인정하고 있으며 열심히 일해서 쌓은 부는 하나님 사랑과 이웃 사랑을 위한 수단으로 사용하여 하나님께 기쁨과 영광을 돌려드려야 합니다.

성경적 세계관에서는 자본주의 사회의 경쟁에 방점을 두기 보다는 경제학자 리카르도가 사용했던 '비교우위'라는 개념을 더 타당하게 여깁니다. 비교우위란 각각 자신이 잘하는 분야에 집중하여 생산과 서비스를 제공함으로써 사회 전체로 보면 더 많은 생산이 이루어지고 더 많은 부가 창출된다는 이론입니다. 그러므로 어떤 한 분야에서의 치열한 경쟁보다는 자유로운 시장 내에서 각자 자기가 가장 잘 할 수 있는 부분, 자신의 달란트가 있는 영역을 개발하도록 격려합니다.

성경적 세계관에서는 모든 사람들에게 똑같이 물질적 자원을 분배하여 동일한 생활 수준을 만드는 것을 '평등'한 것이라고 말하지 않으며 그것이 '정의'로운 일이라 하지도 않습니다. 오히려 법 앞의 평등, 기회의 평등, 그리고 각기 다른 재능과 관심을 가지고 있는 사람들이 공평하게 자신의 분야를 개척하고 능력을 발휘할 수 있게 하도록 사회적 조건을 만들어 주는 것이야말로 진정으로 '평등하고 정의로운 일'이라고 믿습니다.

8. 역사학

인본주의	인류 문명의 진화 과정
마르크스주의	계급투쟁을 통해 프롤레타리아가 승리해 나가는 과정
포스트모더니즘	역사적 수정주의(이야기의 재구성)
뉴에이지	우주적 영성으로의 통합과정
이슬람	인류가 무슬림이 되어가는 과정
성경적 세계관	하나님의 인류 구원사(구속사)

세계 최초의 역사학자라고 불리는 고대 그리스의 헤로도투스는 그의 책 『역사』에서 사건에 대한 기록과 증거들을 모으고, 그 정확성을 꼼꼼히 확인해서 사건을 기록함으로 역사 연구방법론에 큰 영향을 미쳤습니다.

또 한 사람 투키디데스는 『펠로폰네소스 전쟁사』를 썼는데 헤로도투스와는 다르게 역사적 사건이 당시의 정치적 상황 하에서 왜 일어나게 되었는지, 원인과 결과에 대해 해석해 주고 있어서 지금까지 많은 지도자들에게 통치에 대한 통찰력을 주는 책으로 널리 읽히고 있습니다.

오늘날 역사학계에서는 두 가지 큰 문제가 제기되고 있습니다.

첫번째 문제는 매일 시간이 흘러가는 가운데 어떤 사건 혹은 인물들을 중요하다고 생각하여 기록으로 남길 것인가 하는 것입니다. 역사학자라고 모든 사실을 다 알 수 없기 때문에 인류사에 영향을 미친 사실을 골라내야 하는데 누가, 무슨 자격으로 역사가 될 사실과 아닌 사실을 가려낼 수 있는가 하는 것입니다.

또다른 문제는 역사를 연구하려는 목적이 정확한 사실이나 진실을 알기 위한 것이 아니라 특정 아젠다를 옹호하기 위한 수단으로 이용하기 위해 이루어지는 경우가 많아지고 있다는 것입니다.

특히 요즘에는 역사적인 기록(Historiography)을 연구하는 일이란 과거의 사건을 돌아보고 이 사건을 역사학자의 관점에서 재구성하여 독자들과 소통하는 것이라고 생각한다거나 이에 더하여 과거 역사에서 어떤 반복되는 패턴이나 법칙, 트렌드를 찾아내어 미래를 예측하려는 관점(Historicism)에서 역사연구를 한다는 것입니다. 이런 경우, 역사란 이미 정해진데로 흘러가기 마련이라는 결정론적인 생각(Historical Determination)에 빠져버리기도 합니다.

이렇게 역사학을 바라보는 시각이 다르고 역사 자체를 바라보는 시각도 다르다는 것은 역사학자들 역시 특정 세계관에 영향을 받고 있다는 사실을 잘 보여줍니다.

인본주의

인본주의는 역사란 인류가 필연적으로 보다 나은 진화의 단계로 나아가는 과정이라고 믿습니다.

현대의 찰스 다윈이라고 불리는 진화 사회학자 허버트 스펜서(Herbert Spencer)는 동일성에서 다양성으로, 낮고 단순한 수준에서 더 높고 복잡한 수준으로 인류가 진화하는 과정을 역사라고 생각했습니다. 그런데 진화의 단계와 속도가 각 사람마다 다르기 때문에 먼저 진화된 사람, 즉 엘리트들이 자신들이 옳다고 생각하는 방향으로 역사 발전을 견인하게 되고 그렇게 하는 것이 마땅하다고 생각했습니다.

또한 인본주의는 환경을 통제하여 빈곤을 퇴치하고 질병을 치료하여 수명을 연장시키고 문화를 발전시킴으로써 의미있고 풍성한 문명을 이루어 가는 과정이 곧 인류의 역사라고 말합니다. 과학기술의 발전으로 인간과 컴퓨터가 결합하여 인간의 능력이 극대화되고 심지어 불멸을 생각할 수 있는 수준까지 가게 될 것이라는 것이 바로 이러한 역사관을 가진 사람들의 전망입니다. 실제로 생명공학의 발달은 인간의 생명을 연장하고 기능을 증강하는 일을 가능하게 합니다.

마르크스주의

마르크스주의에서는 역사란 점점 더 나은 경제적 진보를 이루게 되는 계급투쟁의 과정이라고 합니다. 구체적으로는 원시공산주의에서부터 고대 노예제 사회로, 그리고 그 다음 중세 봉건제 사회에서 자본주의로, 그리고 최종적으로는 사회주의를 거쳐 공산주의라는 유토피아로 나아가는 일련의 과정을 말합니다.

마르크스주의는 역사학을 객관적 사실을 연구하는 학문이라고 생각하지 않고 이미 정해놓은 역사의 발전 방향으로 인류를 이끌어 가고자 하는 목적을 위해 사용하는 도구로 인식합니다. 역사학자의 역할은 프롤레타리아 계급투쟁과 혁명이 필요한 단계에 프롤레타리아들의 혁명의지를 북돋아 주는 일입니다. 역사를 선전 선동의 도구로 활용한다는 뜻입니다.

칼 마르크스는 "역사는 재판관이다. 그 판결의 집행관은 프롤레타리아이다"라고 말했습니다. 현실세계 참여를 통해 프롤레타리아 계급이 결국 승리하는 역사만이 마르크스주의에게 의미있는 역사일 뿐입니다.

포스트모더니즘

포스트모더니즘에서는 '소위' 역사적 사실이라고 말하는 것들은 만들어 낸 '이야기, 소설'에 불과합니다. 따라서 역사학자들은 자신들의 사상적 경향에 따라 얼마든지 과거를 재구성해 낼 수 있습니다.

포스트모더니즘 역사학자들의 관심은 '해체'에 있습니다. 이들은 다른 역사학자들의 문헌을 분석하고 해체하여 이러한 문헌을 만들어 낸, 혹은 기록한 역사학자들의 숨은 동기가 무엇이었는지를 파악하고 비판하는데 더 주력합니다.

이들은 억압받는 소수를 위한 역사를 주장하며 과거를 재해석하는 '역사적 수정주의(Historical Revisionism)'의 입장을 취합니다. 문제는 이렇게 억압받는 소수를 위한 역사를 주장하다 보니 누가 더 억압받은 소수였는지를 놓고 경쟁하는 웃지 못할 일까지 생기게 되었습니다.

뉴에이지

각 개인의 의식은 더 높은 수준의 집단의식에 연결되어 있어시 직지만 의미있는 숫자의 개인들의 의식이 새로운 차원으로 고양되면 사회 전체의 집단의식도 고양된다고 믿습니다. 이들은 이렇게 인간이 생물학적인 진화의 단계를 지나 영적 진화의 단계, 즉 하나의 거대한 우주적 영성으로 통합되는 과정을 역사라고 생각합니다.

따라서 역사적 과거란 이미 지나와 버린, 그리고 벗어나 버린 도그마일 뿐 별다른 의미가 없고, 현재 우리가 해야 할 일은 선하고 아름답고 완전한 의식에 도달하기 위해 열심히 노력하는 일뿐입니다.

이슬람

이슬람은 세상은 알라에 의해 창조되었고 인간사의 여러 가지 사건들은 알라의 뜻에 따라 발생하며 결국 알라가 세워 놓은 법칙에 따라가도록 되어 있다는 역사관을 가지고 있습니다.

이슬람의 궁극적인 목표는 알라의 뜻을 실현하는 것으로써 전 세계에 이슬람 국가를 건설하는 것입니다. 그러므로 전 세계 모든 사람들이 알라 앞에 무릎을 꿇는 그날까지 지하드(성전)를 계속해 나가야 하는데 그 과정이 바로 인간의 역사입니다.

성경적 세계관

성경적 세계관에서는 역사란 인류를 향한 하나님의 구속사, 즉 인류 구원의 역사로 보고 있습니다.

하나님은 이 세상과 인간을 창조하심으로 역사를 시작하셨지만 인간의 타락으로 하나님이 원래 의도했던 인간과 자연의 존재 이유와 목적을 달성할 수 없게 되었습니다. 이에 하나님은 스스로 인간의 모습을 띄고 이 땅에 구원자, 예수 그리스도로 오셔서 십자가의 대속과 부활을 통해 인류를 구원해 내셨습니다. 그리고 역사의 종말에 심판자로 다시 오셔서 이 구속사를 완성하실 것이라고 약속하셨습니다. 이 약속을 믿는 것이 성경적 역사 인식입니다.

성경적 역사관은 목적이 분명하며 시작과 끝이 있는 직선적 역사관이라는 측면에서 윤회적 역사관과 명확히 구분됩니다. 윤회적 역사관은 인류사를 유지와 지탱의 관점에서 보기만 할 뿐 어떤 목적이나 방향성이 있다고는 생각하지 않기 때문입니다.

성경적 세계관에서 볼 때 지금 이 땅의 역사는 바로 D-day와 V-day의 사이의 시간입니다. 예수님이 이 땅에 처음 오셨던 그날(D-day)로부터 다시 오셔서 최후 승리를 선포하실 그날(V-day)까지가 인류의 역사라는 것입니다.

이 시간동안 그리스도인들이 해야 할 일은 창조세계의 청지기로서 사명을 다해야 합니다. 그리고 역사를 공부하는 측면에서는 하나님이 창조하신 세상에 대해 더 깊이 연구하며 비록 불편한 진실이라 할 지라도 과거 사건에 대한 진실을 담대히 전하며 그것이 하나님의 구속사 속에서 어떤 의미를 지니는지 해석해 내는 일일 것입니다.

생각 나누기

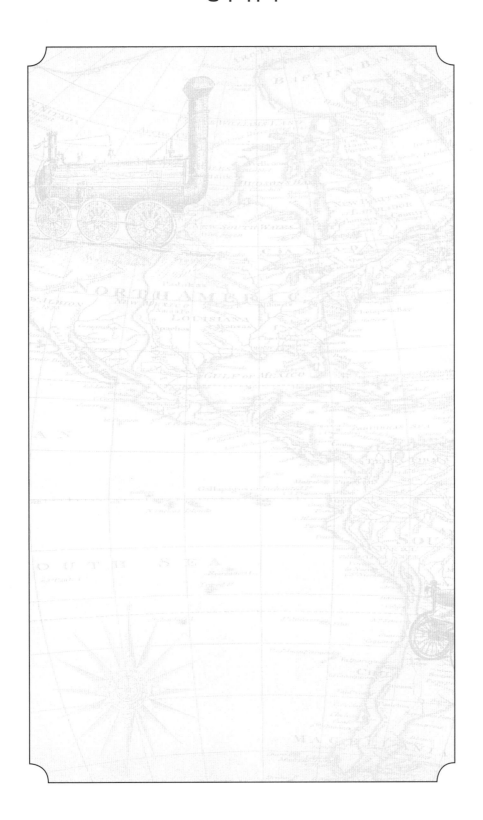

05
제1권을 마치면서

'제1권 세계관 특강' 편에서는 세계관이란 무엇인지, 이 시대를 주도하고 있는 대표적인 세계관은 무엇인지, 그리고 각각의 세계관의 내용과 특징은 무엇인지 간단히 살펴보았습니다. 학습목표를 다시 한번 보시고 목표한 대로 성과가 있었는지 확인해 보세요.

이제 세계관에 대한 기본 개념을 탑재하신 여러분들을 '제2권 현대의 문을 연 고전들' 편으로 안내합니다. 준비되셨지요?

'제2권 현대의 문을 연 고전들' 편에서는 19세기(1800년대)의 사상적 흐름을 주도했던 여섯 명의 사람들과 그들이 쓴 대표적인 책들을 살펴보고, 이들이 현대를 살아가고 있는 우리들의 세계관에 어떤 영향을 미쳤는지 공부해 봅니다.

찰스 다윈, 지그문트 프로이트, 칼 마르크스, 프리드리히 니체, 막스 베버, 그리고 대한민국의 건국 대통령 이승만에 이르기까지 오늘날 대한민국을 살고 있는 우리들의 세계관 형성에 지대한 영향력을 미친 '아버지'들을 한번 만나 볼까요?

Worldview Manual

코어 독서맵 Core Reading Map

1. 작성자 & 작성날짜 Name & Date

이름 Name	조 Group	작성날짜 Date

2. 도서정보 Book

제목 Title	

저자 Author		출판사 Publisher	
역자 Translator		출판년도 Year	

3. 목차 그리기 Content
: 책의 목차를 쓰거나 구조화하여 도식이나 그림 등으로 표현해봅니다.

세인트폴 세계관 아카데미
SAINT PAUL   WORLDVIEW ACADEMY

4. 핵심 단어/문장 뽑기 Keyword/Key sentence &Reason

: 책을 읽고 핵심 단어 또는 핵심 문장을 뽑고, 이에 대해 설명합니다. 이때 핵심 단어 또는 문장은 최소 3개 이상 최대 5개 이하로 선정합니다.

5. 질문 나누기 Question

: 책을 읽으면서 궁금했던 것을 질문 형태로 1~2개 적습니다.

코어 독서맵 Core Reading Map

1. 작성자 & 작성날짜 Name & Date

이름 Name	조 Group	작성날짜 Date

2. 도서정보 Book

제목 Title			
저자 Author		출판사 Publisher	
역자 Translator		출판년도 Year	

3. 목차 그리기 Content
: 책의 목차를 쓰거나 구조화하여 도식이나 그림 등으로 표현해봅니다.

4. 핵심 단어/문장 뽑기 Keyword/Key sentence &Reason

: 책을 읽고 핵심 단어 또는 핵심 문장을 뽑고, 이에 대해 설명합니다. 이때 핵심 단어 또는 문장은 최소 3개 이상 최대 5개 이하로 선정합니다.

5. 질문 나누기 Question

: 책을 읽으면서 궁금했던 것을 질문 형태로 1~2개 적습니다.

생각의 길을 찾는 세계관 매뉴얼

제1권 세계관 특강

초판 1쇄 발행 2021년 10월 20일
초판 2쇄 발행 2024년 3월 14일

지은이 정소영
펴낸이 정소영
디자인 김현진

펴낸곳 도서출판 렉스
주소 서울특별시 중랑구 봉화산로 4길 70-4
등록 2014년 4월 14일 제 2014-000111호
이메일 spaul.academy@gmail.com
홈페이지 www.saintpaulworldview.org

ISBN 979-11-958521-2-3(43100)